家事塾
BOOKS
vol.2

辰巳 渚 監修
家事塾 編著

家づくりに「家事セラピー」を

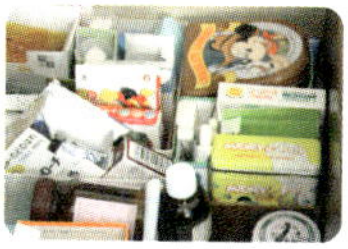

言視舎

INTRODUCTION

『家事塾 BOOKS vol.2 家づくりに「家事セラピー」を』の、3つの「家」

家づくり は、生活を見直し、自分らしい・理想の生活を築き始めるチャンス。家事セラピストがそのお手伝いをするのが「新築家事セラピー」です。この本の Part1 では、家づくりに「家事セラピー」を加えたらどんな家ができるか、そこでどんな暮らしが営まれるかをご紹介します。

家事セラピー のポイントは、どんな形の・どんな間取りの家をつくるかを考える前に、そこに入る中身の「暮らし」について、クライアント（お客さま）とともにしっかり考えること。ですから、新築注文住宅に限らず、建て売りでもマンションでも、増改築でも賃貸でも、引越ししなくてさえ、家事セラピーは有効です。今日からでも始められる「暮らしづくり」に役立つ、家事セラピー（片づけセラピー）や各種講座の事例を、Part2 にまとめました。
Part3 は、家のモノとコトの専門家である家事セラピストのさまざまな活動の報告です。

家事塾 は家のコトを本当に大切に、愛おしく思っています。この本のタイトルに 3 つも「家」の字が入ってしまったのは、そんな思いの表れなのです。

あなたと、家のコトをともにする人たち＝家族のみなさんにとって、大切な「家」と毎日の「暮らし」を、あなた自身の手で心地よいものにつくりあげる。そのために「家事セラピー」が役に立つかもしれないと思ったら、どうぞ家事塾をお訪ねください。家事セラピストがお待ちしています。

CONTENTS

1 1級家事セラピスト
2 2級家事セラピスト

Part 1 家づくりに「家事セラピー」を

Part 2 暮らしづくりに「家事セラピー」を

Part 3 家事セラピスト NEWS

※ 1 は 1 級家事セラピスト、2 は 2 級家事セラピストを示します。
※家事セラピストは、「KJ 法」「マインドマップ」などの思考整理法を取り入れています。
養成講座における講義で、それぞれの提唱者による原典での手順や描き方について学んでいます。
そのうえで、講座や家事セラピーの場では、受講生やクライアントに、正しい手順や描き方に沿うことよりも、その場での思考や対話が深まることを優先して作業してもらっています。
そのために、掲載した実例が、「正しい」ものになっていない場合もあります。ご了承ください。

Part 1

家づくりに「家事セラピー」を

新築家事セラピー事例紹介

本当に気に入った住まいでのモノが溢れない、スッキリした暮らし

大分市・浦松邸 新築家事セラピー後の暮らしレポート

浦松真由美 1

はじめに

私は大分県で夫と共に工務店を経営しています。2010 年に同じ敷地内に会社の事務所とモデルハウス兼自宅を建てました。辰巳さんによる「新築家事セラピー」を受けて建てた家に暮らし始めて約半年。我が家の暮らしぶりを紹介します。

実施概要

新築家事セラピー：2010 年 5 月、9 月
（新築家事セラピーの様子は『家事塾 BOOKS Vol.1』に掲載しています）
竣工・入居：2010 年 11 月

家事セラピストとして生活を整える

この新居は、建物そのものも大好きなのですが、この家での住み方も私たち夫婦に合っている気がして、ここでの暮らしにとても満足しています。無理せず、等身大でいられる家なのです。

何故これほど充実した生活を送ることができているのか……。それはきっと、自分たちの叶えたかった「モノが溢れない、スッキリした暮らし」を実現するために「新築セラピー」を受け、そして私自身が家事セラピスト養成講座を受講して自分らしい生活について深く考えたからに他ならないと思います。

「無理してスッキリ」ではなくラクで快適な暮らし

自宅を訪れる人によく「本当に住んでいるんですか？」「無理してこの状態にしているんじゃないですか？」「スッキリしていますね！」などと言われます。

実際のところ、夫も私も決して無理はしていません。『使うモノだけを選び、モノの定位置を決め、使ったら元の位置に戻し、不要なものは捨てる』という一連の動作を繰り返しているだけです。家族でしまう場所を取り決めて、収納場所からモノが溢れないようにする……。そんな家族内ルールを決めてお互いに守っています。

そうすると「使いたい時に使いたいものが

自宅の外観はかなりシンプルです。

中に入ると明るくオープンで、木の温かみの感じられる空間が広がっていて、とても気に入っています。

玄関は家の顔です。埃の塊が落ちている……なんてことにならないように、気が付いた時に土間の掃き掃除をするようにしています。

どこにあるかわからない！」といった事態を避けられますし、何かが置きっぱなし、出しっぱなしになりにくくイライラしません。

大変だった引越し

入居は 2010 年 11 月でした。少しずつ要らないものを処分し、新居でのモノの配置もしっかり決めていたので、引越しはすんなり進むだろうと考えていました。しかし、現実はそんな甘いものではありませんでした。6 年間住んでいた家の至る所に、その存在すら忘れられていた不要品が数多く残されていました。引越し当日ギリギリまで持ち物をどうするか（捨てるか、捨てないかなど）を短時間で判断しなければなりませんでした。これまで持っていたモノを新しい家でも使うかどうかの取捨選択の繰り返しで、本当に疲れました。
そしてようやく引越しも無事終了し、新居での生活をスタートしました。

玄関

できるだけモノを置かないように心掛けている場所です。友人である大工さんに作ってもらった椅子がしっくりきます。色んな所で買い集めたお香を焚いて、お客様をお迎えします。

設計や施工の打ち合わせ、社内会議なども自宅で行っています。写真右上の本棚は可動式で、真ん中に仕切り板があって両面から本を入れることができます。

打ち合わせエリア

本棚は、空間を広く使いたい時は部屋の角の方へ移動させ、それ以外の時は打ち合わせエリアとリビングの間に設置します。

本棚の打ち合わせエリア側にはカタログや建築雑誌などを置き、リビング側には個人的に読む本を置いています。そうするとソファでゆっくりしながら、本を簡単に出し入れできます。楽なうえに、散らかりません！

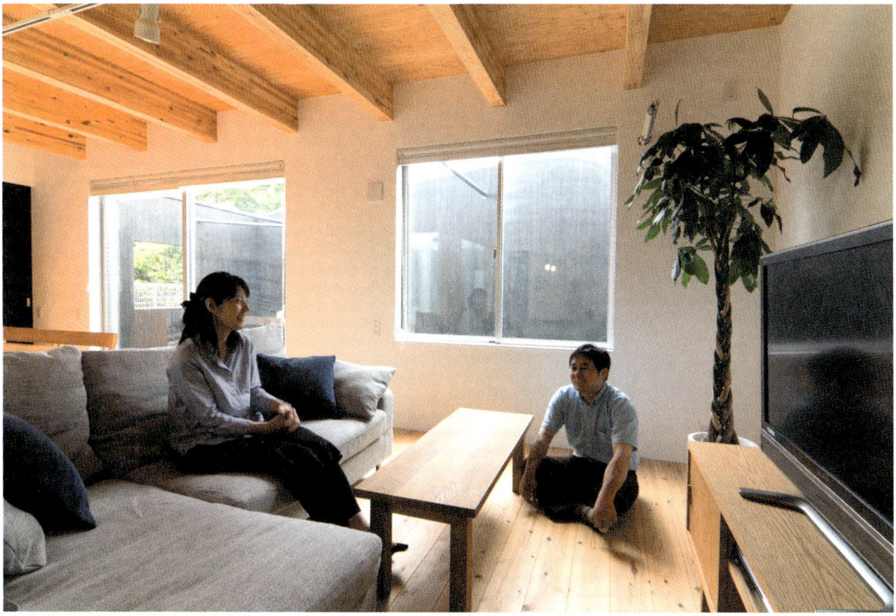

寝る前にソファでテレビを見たり、インターネットなどをして、一番ゆっくり過ごす場所です。

リビング

このエリアで使いたいモノはすぐ手の届くテレビボードの中にしまっています。
ちなみにリモコンの指定席はテレビボードの上です。普段はこんな感じですが……。

……扉を開けると、必要なモノはすぐ取り出せる状態にしています。常備薬、ハサミ、爪切り、綿棒、体温計などです。我が家にはスケールも必需品です。

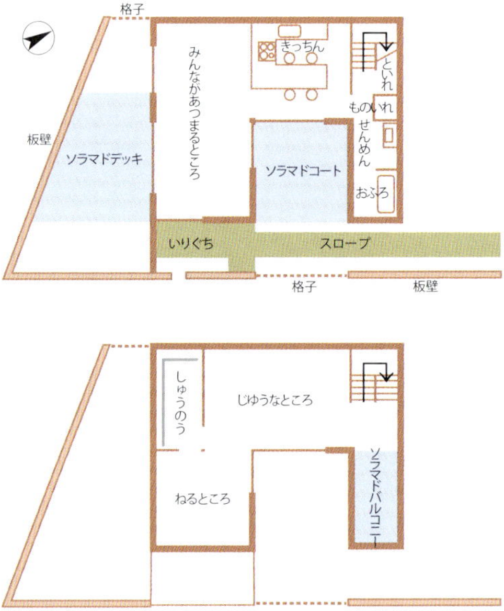

間取り図

キッチン、ダイニング

私たちのお気に入りの場所です。料理をするところと食事をするところが近くて、作業する人が孤立しないので、寂しくなりません。朝は程よい明るさの朝日を浴びながら朝食をとります。午後にはゆっくりティータイムを楽しむこともあります。

夕食後はさっと食器を片づけてそのまま本を読んだり、パソコンを持ち込んで仕事をしたりします。結局二人で仕事の話をしたりするので、公私が常に入り乱れている状態ですが、これが私たちらしい生活なのだなぁと最近は改めて思います。

キッチンの内側

我が家のキッチンはよくあるシステムキッチンとはかなり異なります。引き出しなどが造り込まれた収納家具はありません。出来上がった収納家具に合わせてモノを入れていくのではなく、自分の動きに合わせて道具や食材、調味料、ストック品などを配置していくのです。
この収納方法のメリットは施工費が安いこと、個人に合わせて使い勝手よくモノをしまうことができることです。また生活スタイルの変化に合わせて（家族の人数や持ち物の増減など）、収納の仕方も変えていけます。
この方法だと使っているキッチン雑貨や保存している食材を管理しやすいので、必要以上に買い物をすることがなくなりました。

これは階段下の小さな収納です。設計の時からこの場所には米などの食料品を入れることを決めていました。現在は玄米、食用油、瓶ビールなどをしまっています。

トイレットペーパーやティッシュ、ハンディ掃除機はキッチンカウンターのリビング側の足元の収納に入れています。ソファ周りはゴミが落ちやすいので、すぐに手の届くところに掃除機があるとサッとゴミを吸い取れるのでとても便利です。

洗面

洗面所には洗濯機を設置しなかったので、そのぶん広く使っています。入浴後は大工さん手作りの椅子にかけて、ゆっくりするのが習慣です。
洗面もキッチン同様、造り込まれた収納家具はありません。この場所で使うモノだけをしまうキャビネットを置きました。
化粧品やコンタクト用品など細々したものは収納付き鏡に入れています。

1階クローゼット

洗面所の隣には小さなクローゼットがあります。このクローゼットは私たちにとっては本当になくてはならないエリアになっています。洗剤などの日用品のストック類や衣類などを収納しています。

3段の収納ケースには主に夫の衣類を入れています。彼の着替えはこの場所と洗面所でほぼ完結するので、基本的に2階に行かなくてもよい生活スタイルにしています。私たちにはこのような衣類の動線にすることが、一番ストレスがないようです。
また、外出着と部屋着の着替えもここでしているので、上着がそのへんに脱ぎっぱなし……ということもありません。

家を設計する時に、洗濯物を干すのは屋外でも室内でも２階だと決めていたので、洗濯機は２階に設置しました。

２階に設置した洗濯機

洗濯機は２階に設置しました。洗い上がりから干す場所までの距離が短いので、動きが楽です。
乾燥した洗濯物は２階の広いところに取り込み、たたみます。
たたんだ洗濯物はそれぞれの収納場所、つまり２階のウォークインクローゼットか、１階のクローゼット、洗面のキャビネットへと移動させます。
家事の中で洗濯が嫌いだという人もいると思いますが、その理由は作業の手順が多いことにあるようです。つまり洗濯機をまわし、洗濯物を干し、取り込み、たたみ、しまうという一連の作業をこなすのが面倒なのです。この作業を行う物理的な距離を縮めて、動作をシンプルにしていけば煩雑さを感じなくなるのではないかと思います。

家族の変化

新しい家に引越してから、家族に変化が現れました。夫は昔から家事は苦手だと公言していたのに、進んで家事に参加してくれるようになりました。
好みの江戸箒を買い求めて床の掃き掃除をし、掃除機をかけ（お掃除ロボットなのでボタンを押すだけですが）、掃除機のゴミフィルターの手入れをする。お風呂掃除が日課となり、重曹とクエン酸を使い分け、

すぐに手に取れるところにかけてある江戸箒。好みのものを買ったので、目につくところにあっても気になりません。

浴槽を常に清潔に保つ。そんな光景が見られるようになり、私も驚いています。「汚れがひどくなる前に、きれいにしておいた方がいいね」と言い、ササっと気になるところを掃除してくれます。
彼も片づけのコツを体得し、家の中が整えられていると気持ち良いと感じるようになったようです。家が整理されていると仕事の能率も上がるそうです。

さいごに

モデルハウスを見学に来られるのは「これから家を建てよう」とか「リフォームしたいな」と考えられている方々です。そんなお客様には「新築やリフォームは、自分自身の生活を見直すいいチャンスなんですよ」とお話ししています。必要なモノが何かを認識することで、それぞれのご家族にはどれくらいの広さの収納が必要で、家のどの場所にあると便利なのかがわかってきます。単に広い収納スペースがたくさんあれば、スッキリした生活が送れるというわけではないのです。
引越しで大変な思いをした自身の苦い経験から、早めに新しい生活で使うモノと使わないモノの選別をしておくこともお勧めしています。いったん家の計画が始まったら、次々と打ち合わせをして決めなければならないことも増えますし、仕事など普段の生活もありますから本当に忙しくなります。モノの整理は面倒だと思うこともあります

ダイニングや打ち合わせエリア、洗面所、浴室に面したソラマドコート。家族や仲間と楽しく過ごせる場所です。

(株)リビングデザイン【ライフラボ大分】のメンバー。家族のような存在です。

が、早く始めて損をすることはありません。最近は「家を整える＝心を整える」だとつくづく思います。

これだけ数多くのモノがいつでも簡単に手に入る世の中ですから、油断していると家の中にモノが増殖してしまうのも無理もない話です。常に「これは必要なのか、そうでないのか」を判断し、不要品が増えないように心がけ、使ったものを元の場所に戻す習慣をつけるだけで、自然と家がスッキリしていきます。

また家族で役割を分担して家の手入れをすると、お互いに感謝しながら、気持ちよく暮らしていけます。そうすることで家族の絆も強くなっていき、充実した豊かな生活が送れると信じています。

浦松真由美 1
(岡山講座 1 期生)

新築家事セラピー事例紹介

楽しんで工夫しながらつかむ 小さなおうちで上手に暮らす感覚

加古川市・永田邸 新築家事セラピー後の暮らしレポート　田島寛子 1

はじめに

新築家事セラピーを経て完成した永田邸。引越し後、約1か月経った暮らしの様子を拝見してきました。土地が約30坪。建物延べ床面積約26坪。家事セラピーご依頼の動機だった「小さなおうちでも上手に暮らしていける感覚」は、つかんでもらえたでしょうか。

実施概要

新築家事セラピー：2010年8月
（新築家事セラピーの様子は『家事塾BOOKS Vol.1』に掲載しています）
竣工・入居：2011年5月
家族構成：永田武さん（35歳）、和子さん（34歳）、有人くん（2歳）

まずは1階から。
2畳の玄関には収納を優先できるように、このような靴箱のユニットを組みました。
左、真ん中、右と3つのスペースに分かれていますが、右のスペースはまだほとんど使われていないくらい収納には余裕がありました。

奥さんの心配の種だった「キッチン」

コの字型のキッチン。
ダイニングテーブルも兼ねている、SORAのオリジナルキッチンです。
以前はガス台に有人くんが手を出すことを気にしていましたが、IHに変えたので心配はなくなりました。

シンクもご希望どおりたっぷり大きさのあるもの。
鍋も食器も余裕でシンクに置くことができます。

キッチンカウンターの下を拝見。
うまくラックを活用してくれています。

奥のデッドスペースの使い方はこんな感じ。
棚を設けて、鍋の収納場所にしています。
反対側も使えるように棚を設けて工夫しました。

階段下のスペースは１人掛の椅子を２脚置いてご主人の居場所になっています。
意外とこんな場所は落ち着くんですよね。
テレビを見る時は、若干、椅子を前に出すそうですが。

テレビ台はこれからユニットを組んで、きちんと収納が出来るようにするそうです。
部屋の中にギターがいくつか置いてありました。
ご主人の希望で、壁に飾るそうです。白い壁にギターが映えそうですね。

前の家では「嫌いな場所」だったトイレ

最初の家事セラピーの時に住んでいたマンションで気になっていたことの１つが、「トイレに窓が無く、換気と水の流れが気になる」。
新居のトイレにはちゃんと窓を付けました。流す水もちゃんと勢いあります。奥様曰く、ほとんど『小』でまかなえるそうです。
なんだか、こんな会話が出てくるなんて、マンションに住んでいたからこそなんだなと感じた不満要素でした。

洗面スペース

洗面では、収納つきの鏡を使い、小さいものはこの中に収納しています。

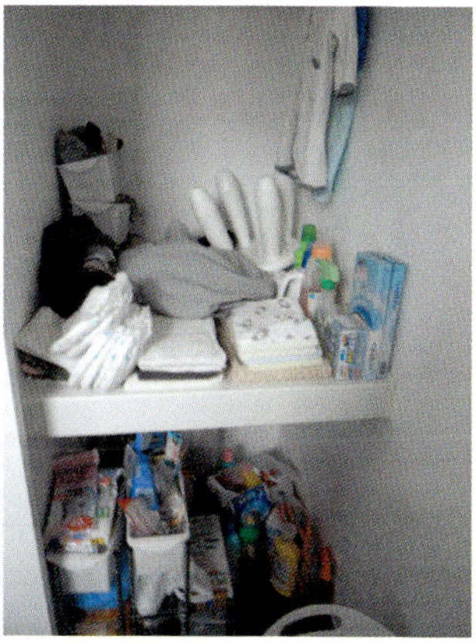

洗面室に設けてある半畳ほどの収納は、まだまだスペースが余っているようでした。

普段のちょっとした掃除

普段のちょっとした掃除はほうきを使っているそうです。
大きいのは奥様用。小さいのは有人くん用。

本を並べるスペースが欲しかった

座って本が読めるようにカウンターの高さを低めに。その上は天井まで本棚を作りました。

今はこの本棚には、息子さん（有人くん）の絵本やおもちゃ達が収納ボックスの中にきちんと収まっています。

本棚の手前にあるテーブルは、新築のお祝いとしていただいたもので、偶然なのかカウンターの下にうまく入るようになっていて、本やおもちゃを取るときの有人くんの踏み台としても活用されているそうです。

寝室の収納

プランの打ち合わせの中で、収納スペースについては「ここには何を収納するか？」とかなり念入りに話し合いをしたのですが、寝室の収納は上手にまとめているように見受けられました。
有効に使えるように上部に棚、その下にはハンガーパイプを付けて、主にシャツ類はハンガーに掛けて収納。下のスペースにはIKEAで揃えた収納ラックを綺麗に並べていて、小さなものはこの引き出しの中に収められています。

２間のスペースを１間ずつ旦那さん・奥さんと分けて使ってくれています。
また「スノーボードの板を収納する場所に困る」と、以前はベッドの脇に寝かせて置いていましたが、今はこの寝室の収納の中にきちんと収まっています。

以前、住んでいたマンションの押入収納は、とにかく奥行があり過ぎて、物が取り出しにくいのが困った点でした。その場所にほとんどの物が収納されていましたが、引越しの前に少しずつ「いるもの」と「いらないもの」を区別して、物を減らしていったそうで、新しい家に対して「収納が足りないのではないか」という不安はなかったそうです。
「この広さで足りていますか？」との問いかけに「十分です」との答えでした。

子どもの空間

子ども部屋は、まだ有人くんが小さいので今はおむつや下着類を吊床の下の収納ラックに収めています。大きくなったら上をベッドとして使ってもらう予定。

以前はリビングの隅になんとなく並べてあった有人くんのおもちゃは、カウンターの下をおもちゃ置き場にして収めています。

このカウンターの上から下を眺めるのが好きなのかな。

洗濯物の動線

永田さん宅は基本的に「2階で洗濯物を干す」ことが前提でプランが進んでいきました。

2階には寝室以外にも、階段を上がったところに1畳の収納スペースを設けました。収納されていたのはプランの段階で決めていた通りのもの。掃除機、洗濯用道具、あとは季節によって入れ替えるお布団と来客用のお布団類がちゃんと収まっていました。

ご主人の希望だったプライベート空間

パソコンや音楽などを楽しむ空間がほしい、「2畳でいいから」というご主人の要望にお答えして「2畳」確保しました。
普段は開放し、プライバシーがほしい時はロールカーテンを下ろすようにしています。
ご主人はこの新しい家で早くこの部屋でくつろぎたいそうですが、帰宅時間が遅く、なかなか片づける時間が作れないそうです。
パソコンをゆっくり触る時間もないみたいです。

家族それぞれの生活時間

ご主人の生活時間に他の家族が合わせていた、以前の生活。
今は、有人くんを２階で寝かせられるので、ご主人が夜遅く帰宅しても、子どもが起きてきたり、遊んだりということはなくなったそうです。

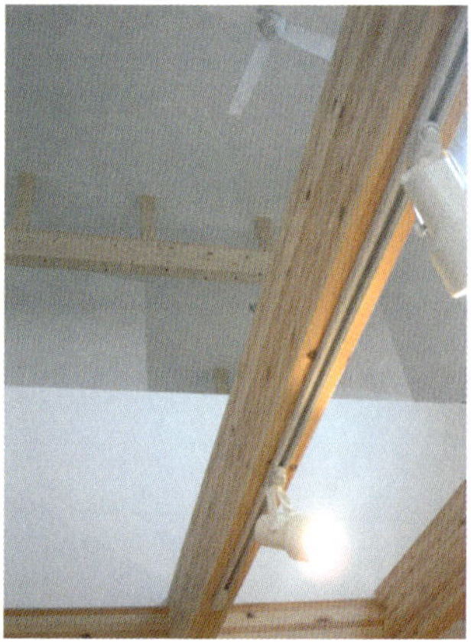

２階の明かりを消していれば、１階は明かりを点けている状態でも、有人くんの寝ているところは、吹き抜け部分から光が漏れてもそれほど明るくならないので、何も問題はないそうです。

またお伺いします！

引越ししてまだ１か月なので、「まだまだ片づいていません」と言われていましたが、以前の住まいでの不満を新築家事セラピーなどを通して解消し、新しい生活を、色々工夫しながら楽しまれているようでした。
特にキッチンの下や洗面所の収納スペースのもっと有効な使い方を考えているようなので、もう少し暮らしに慣れた頃に、また永田さん宅へお伺いするのが楽しみです。

家事セラピーのご案内

家事セラピストがご自宅にお伺いして、暮らしの見直しをお手伝いするサービスです。
ご依頼は原則として、派遣する１級家事セラピスト（または辰巳渚）の活動地域に限りますが、その他の地域の方は、交通費・日当などをご相談の上、ご依頼に沿いたいと考えております。
お受けできる地域（2011 年 7 月現在）：関東（1 都 3 県）、北海道・札幌市周辺、静岡県、福井県、岡山県、広島県、香川県、大分県、福岡県
（料金は個別にご相談ください）

新築家事セラピー

＊事例は 6 ページ〜、16 ページ〜、30 ページ〜

住まいの新築にあたって、今の家と暮らし方を見直すことから始めたい方のためのサービスです。3 回のセラピーで、現在の暮らしの問題点を洗い出し、「どんな住まいにしたいか」をじっくりと考えます。このプロセスが設計家・工務店などとのコミュニケーションをスムーズにし、満足度の高い家づくりにつながります。

リフォーム家事セラピー

家の増改築をお考えの方を対象に、お宅にうかがって 3 回 1 セットのセラピーを行うサービスです。「なぜ暮らしにくいのか」「リフォームが必要なのか、それとも他の方法で暮らしやすくするのがよいか」から考え始め、最適なプラン作りの土台を築きます。

捨てる！セラピー

家事セラピストが個人のお宅にうかがって、暮らしを気持ちよくまわすためのエンジンとなる「捨てる！」の考え方をお伝えし、その実践をサポートします。

片づけセラピー

＊事例は 42 ページ〜、54 ページ〜

家事セラピストが個人のお宅にうかがって、すっきり暮らす片づけの考え方（暮らしの秩序と循環）と実践法をお伝えします。オプションで、家の片づけを手伝う「片づけ部隊」も同伴します。

グループ型、トライアルなど

＊事例は 38 ページ〜、56 ページ〜

家事セラピーは、クライアント（お客様）と家事セラピストが一対一で、複数回のセラピーを通じてじっくりおつきあいするのを基本としていますが、少人数のグループでの実施や、セラピー 1 回のみの「トライアル（お試し）」のご要望にもお応えします。お気軽にご相談ください。

セラピーの詳細などの情報は

家事塾ホームページ〈http://www.kajijuku.com〉にてご覧いただけます。
お問い合わせ・ご依頼は— TEL. 0467-73-8076　E-MAIL: info@kajijuku.com

家を建てることはゴールではなく快適で幸せな暮らしづくりのスタート

友國裕典さん（センコー産業株式会社 代表取締役）

香川・徳島・岡山・福岡で住宅事業を展開しているセンコー産業株式会社 代表取締役 友國裕典さんに、「家事セラピスト」が家づくりにどうかかわっていくのか？などをお聞きしました。

商品としての「家」づくりは男性目線で考えられてきた

――家事セラピストをお知りになったきっかけは？

弊社は、約6年前から建築家 井内清志氏が主宰する「ソラマドの家」づくりに参画してまいりました。

「ソラマドの家」とは、暮らしの中身から住宅を考えるという、今までにない新しいコンセプトの家づくりなのですが、そのソラマドネットワーク本部の紹介で家事セラピストの存在を初めて知りました。

――その時の感想はいかがでしたか？

正直初めは「何をする人なのか？」とよく理解できませんでしたね（笑）。

ところが、2010年の3月に辰巳先生を高松にお招きして「家事のヒント」をテーマに講演していただいたのですが、そのときの応募者数、つまり集客力と、当日の会場の熱気に驚きました。そして何よりも講演をお聞きして、“今からの家づくりに本当に必要なことはこれだ！”と直感したんです。

――何故そう思われたのですか？

昔からそうなのですが、家づくりというのは男性目線で考えられることがほとんどでした。特にハウスメーカーが出現してからは、「企業の利潤の追求」のために、不必要な機械的便利さばかりを追求し、売るための商品として家が考えられてきました。実

ソラマドの家。外観はごくシンプルだが、中に入れば住み手の個性あふれる空間が広がっている。建築家（井内清志）が暮らしの中身を考え抜いて設計した器に、住み手自身が暮らしながら「自分たちの暮らしに本当に大切なこと」を日々考え、盛り込んでいくことで、ソラマドの家づくりは完成する。

際に家事もしない、そればかりかほとんど家にいない人たちが住宅を考え、そして営業マンとして販売マニュアルにそって家をつくってきたのです。
かくいう私も住宅の営業として“家事動線が一直線で使いやすいですよ”“こんなにたっぷり収納スペースがあります”など、うわべだけの言葉で家事について語っていましたね。
アフターメンテナンスなどで、お住まいになられてから施主様宅へ訪問すると、ほとんどの方が「収納が足りない」「もっと広くしておけば良かった」などとおっしゃるのです。
そうです、なまじ収納スペースがあると、どんどんしまい込んでしまって、結果的に物が増えてしまい、スペースが足りなくなっているのです。

——その物を持っていることすら忘れてしまっていますよね？（笑）
そうなんです。弊社の社員で辰巳先生のお話を聞き、実践してみたところ産廃用のコンテナ一車分の物を捨てたという者もいました（笑）。

家事セラピーは「自分たちの暮らしに大切なこと」を明確にしてくれる

——御社にはすでに４名の家事セラピストがいらっしゃいますが、具体的にはどのような活動、そして業務に活かされていますか？

新築家事セラピーの様子。クライアントの佐藤様ご夫妻（写真左）と、山内隆司 ②（センコー産業勤務）。（この新築家事セラピー事例は、30 ページからの記事で紹介しています）

リフォーム家事セラピーの様子。手前はクライアントの兼島様（右）と辰巳渚。2 人の間の奥に見えているのが大川静代 ①（センコー産業勤務）。（このリフォーム家事セラピー事例は、家事塾BOOKS Vol.1 に掲載しています）

はい、新築をご検討されている方、リフォームをご検討されている方に“新築家事セラピー”“リフォーム家事セラピー”などを受けていただいています。
例えば、新築をお考えの方に家事セラピーを受けていただくと、設計の打合せがスムーズに進みます。それは設計に入る前に家事セラピーを受け、どのような暮らしがしたいのか“家づくりの道標”を家族間で明確に共有することにより、間取りに対する考え方がぶれなくなるからです。
よく、家を建てることが目的になってしまっているお客様がいらっしゃいますが、大切なのは家を建てた後に快適に、そして幸せに暮らすことですよね？
家事セラピーでそこをイメージしてもらうことにより「自分たちの暮らしに本当に大切なこと」が明確になるようです。

——リフォームと家事セラピーの関係についてはいかがですか？

リフォームというと皆さん水廻りの設備を新しくする、床材・壁紙クロスなどを貼りかえる、という程度にしか考えていませんが、家事セラピーを受けることにより今の暮らしの不都合な点、よどんでいる点などが明確になり、“物を新しくするリフォームではなく、暮らし方を変えるリフォーム”が実現しやすくなったようです。実際に家事セラピーを受けられたお客様が当初は「収納するのに必要だから」とおっしゃっていた古い納屋を「やっぱり必要ない」と取り

家事セラピスト養成講座のワークショップ風景。掃除機をかける、雑巾を絞って水拭きする、などの家事の基本・住宅メンテナンスの基本を実体験する。

壊された例もありますよ。

家事セラピストが住宅業界で活躍する市場は無限大

――いろいろと面白い実例が出てきはじめていますね？

今はまだ始まったばかりでご希望の方だけですが、今後は家づくりをお考えのお客様全てに家事セラピーを受けていただきたいと思っています。新築・リフォームを問わず家事セラピーを受けていただくことにより、入居後の満足度が高くなりますし、お客様に満足していただくことにより、弊社も新しくお客様をご紹介いただける等のメリットがあります。

また、弊社は定期的に家づくりの勉強会として、ワークショップなどを開催してきましたが、それに加えて、家事セラピストの個別相談会、お手伝い塾、お片づけ講座などを計画しています。

――建物のメンテナンスだけでなく、暮らしている人のメンテナンスとして、入居後の家事セラピーも面白いのでは？

そうですね！　それは面白い。半年・1年・2年後と、定期的に訪問させていただき、暮らしでうまくいっていない点などをお聞きし、解決のお手伝いができるといいですね。

家事セラピストが我々の業界で活躍する市場は無限大のような気がしています。

新築家事セラピー事例紹介

「家を建てる」って生活を考えること、そして生きやすく生きられるようにすること

丸亀市・佐藤邸　新築家事セラピー

はじめに

佐藤さんご夫婦は、２年前に東京から香川のご主人の実家に引越して、ご両親と同居なさっています。「家を建てることは夢のまた夢のように思っていたところ、ソラマドの家に出合い、子どもとともに暮らしていく家を建てたいと思った」そうです。ソラマドの家を建てるにあたって、「新築家事セラピー」をご依頼いただきました。

実施概要

１回目：2010 年 12 月 19 日 (日) 約３時間／ご自宅にて
２回目：2011 年１月 30 日 (日) 約２時間／「ソラマドの家モデルハウス」にて
(３回目は着工後の８月頃に予定。竣工は 11 月頃)
家族構成：佐藤勇治さん（29 歳)、晴美さん（37 歳)、碧ちゃん（みーちゃん・３歳)、
楓ちゃん（かえちゃん・猫・４歳）

今の家の好きなところ

１回目の家事セラピーではまず、それぞれに、「家の中の好きなところ」を伺いました。お二人とも「好きなところ」と聞かれて、やや戸惑った様子でした。夫の両親の家に同居していること、住み始めて２年しかたっていないことから、「自分の家」「自分の居場所」という感覚が薄いように見受けられます。

家にいるときは、１階部分リビングルームの椅子が居場所という勇治さん。つまり、勇治さんの居場所はご両親の生活エリアの中にあります。

「帰って風呂に入って、ごはんを食べながらお酒を飲んだりしながら、ずっとここ。寝る前に２階に上がります。２階に上がるのはめんどうくさい」

晴美さんは、好きな場所を決めるのに、少し時間がかかりました。あえて言うなら、という感じで出てきたのが、２階の「かえちゃんのそば！」。

実は、最初のうち「かえちゃんが」「みーちゃんが」などとお話しされていたので、お子さんが二人かと思っていたら、かえちゃんは猫ちゃんでした。そして、みーちゃんは、３歳のかわいいお嬢さん。ご夫婦にとって、娘も猫も、かわいい子ども。気持ちの上では「４人家族」なんだなあと思いました。

２階は勇治さん世帯の生活エリアとして、もともと勇治さんの部屋だったところをリビ

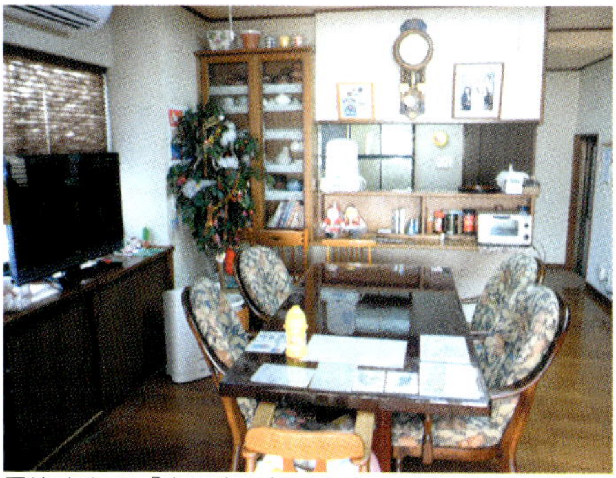

勇治さんの「家の中の好きなところ」。1 階リビングルームの右側の奥の椅子。テレビも見やすい特等席です。

晴美さんの「家の中の好きなところ」。かえちゃんのケージがある 2 階の部屋。

ングルームに、その隣の和室を寝室にしています。けれども実際には「2階は寝るだけ。寝ると決めて上に行く」という生活。

ひととおり「好きなところ」を見せていただいて、佐藤さん夫婦にとっては居心地のよい「家族で過ごす場所」が必要なのだ、とあらためて納得しました。もちろん、「かえちゃん」も含む 4 人の家族です。

勇治さんにとっての「家」は なによりも家族の笑顔

家や暮らしについての願いを整理するために、お二人それぞれにマインドマップを書いてもらいました。

勇治さんが中央に置いたキーワードは「私の家」でした。

①家族の笑顔がないと、建てる意味がない

晴美さんと碧ちゃんの笑顔、そして楓ちゃんといっしょにいられること。それが、家を建てる意味なんだ、と改めて確認しました。

晴美さんは、勇治さんのその説明を聞いて、感動。そんなふうに思っていてくれたんだ、と、とても幸せそうでした。勇治さんは「一家の主人」といった顔になっていました。

②みんなを招いてわいわい飲みたい

「お酒」というキーワードは、比較的早く出てきました。一人で好きなグラスで飲むだけでなく、「家族や友だちを集めてぱーっと飲みたい」とのこと。

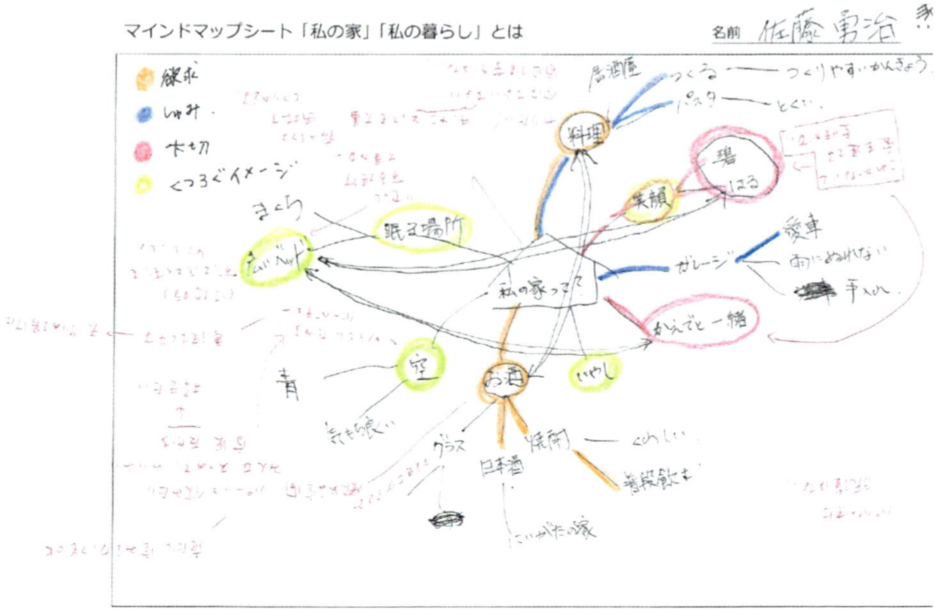

勇治さんは、マインドマップを描くのに時間がかかりましたが、質問していくと、いろいろと深く考えて、じっくりとていねいな答えを返してくれました。赤い丸で囲んだ「碧 はる」「かえでと一緒」が、大切なもの。

③広いベッドが「リセット」する場所
「広いベッドは、リセットする場所として大事かな」「疲れていても、気持ちを切り替えられる」とのこと。マインドマップでも、家族（楓ちゃんを含む）と、広いベッドが心の中でつながっています。

④料理を作りたい！
料理人をしていたこともある勇治さん。「料理は作りたい！」「キッチンはとっても大事」とのこと。いまはちょいちょいしか作らないが、毎日でも苦ではないそうです。

⑤パパの中に「洗濯」はない
ソラマドの話になったとき、妻が「洗濯物を干す」と言ったら、夫は「洗濯物は別の場所に……」と。どうするかはともかく、妻いわく「パパのなかに『洗濯』はないのよね」。

晴美さんにとっての「家」は家族いっしょに過ごす場所

晴美さんのキーワードは、「私の暮らし」。

①家族いっしょに過ごしたい
「楽しいこと」は家族で過ごすこと、というイメージがはっきりしています。言葉としては出てきていませんが、「パパといっしょ」は当然、という考えでした。
家族で過ごすときにすることは、好きなことばかり、という印象もあります。「家はゆっくり家族いっしょに過ごす場所」でした。

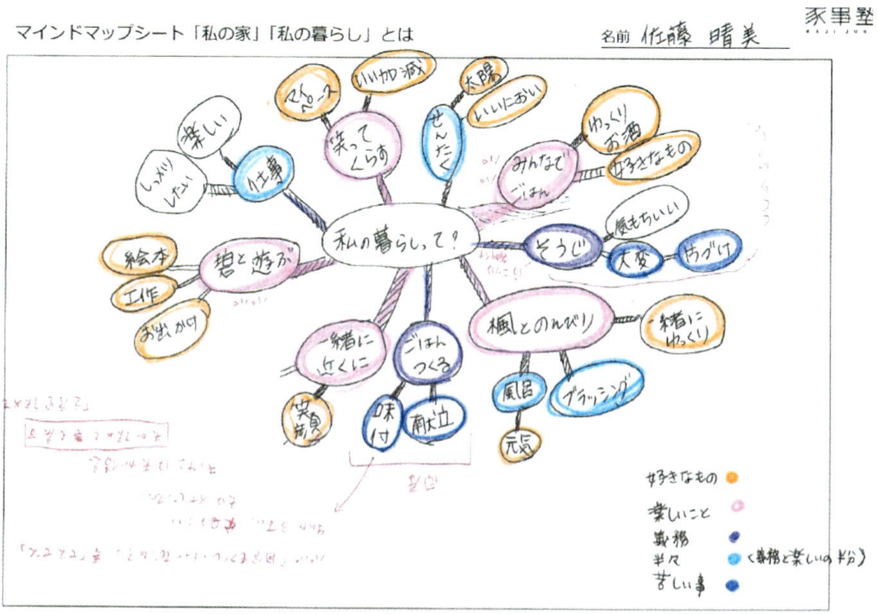

晴美さんのマインドマップ。勇治さんに比べて、次々にイメージが広がっていました。

②家事は「義務」で「苦しい」？

料理や掃除は、「義務」で「苦しい」というイメージでした。が、もともと嫌いというよりも、現在の状況が大きく関係しているようです。その代表が、「料理」。一家の食生活を預かる主婦としては、自分の好きなものを好きな味付けでつくるだけではすまないので、献立や味付けを考えるのがたいへんなようです。

③掃除と片づけは、役割分担？

掃除と片づけはくくりが一緒だった、と気がつきました（本来は、違う行為）。
「キッチン（の物の配置）は夫が得意」と言っています。モノコト診断からも、定位置や定量を決める「片づけ」が苦手、元に戻すのは得意、と出ていますが、「パパが場所を決めて、私がそこに戻せばいいのよね」と納得していました。

苦手なことを夫婦でフォローしあえる家づくりができたら

勇治さんは、けっこうきれい好きだそうです。ご自身で「納得するまで掃除する」とも言っていました。
一方、掃除や片づけが苦手、という晴美さん。といっても汚くても平気なわけではなく、「ほこりは嫌」であり「元に戻すのは得意」でもあります。暮らし方も、物をたくさん溜めこんでほこりっぽい、という様子ではなく、「いる・いらない」の選別をしっかりしないままで物が箱にきちんと詰めて

寝室にはぬいぐるみが段ボールに詰めて置いてありました。「捨てる」が苦手で、「元に戻す」が得意という、晴美さんの特徴が表れています。

きれい好きで「定位置」「使う・まわす」が得意な勇治さん。北側の部屋にあるクローゼットには、自分できちんとたたんだ服がしまってありました。

置いてある、という様子でした。
物が多い家庭ではありませんが、**収納場所がある限り、溜めこんでしまう癖もある、**と考えたほうがよさそうです。**引越しの前に、「適量」を考え、勇治さん主導で「定位置」を決める作業があれば、その状態を維持することは晴美さんにとって難しくないはず**です。

設計図の中で
現実の生活を想像していく

2回目の家事セラピーは、ほぼ固まってきたプランを眺めながら、実際にどんな暮らしをするのかを話しあいました。
朝起きて、家を出ていくときはどんなふうに動くの？という話で、勇治さんが鞄を持たない話になり、「じゃあ、財布は？」から、財布と鍵を持って出ていく話になり、その財布と鍵を帰ってきたときにどこに置くかという話になり……。鍵、財布、携帯、タバコが4点セットで、このセットを「別のところに（バラバラに）置くのは考えられない」そうです。
その4点セットは、まとめて置きたい。であれば、家でいつもいる場所のそばだ。それはどこ？食卓のこの椅子が勇治さんの定位置だ。じゃあ、その横？食卓に引き出しをつける？いや、そもそも帰ってきたらすぐ風呂に入りたいのだけど、引き出しに入れる手間は大丈夫？
……そんなふうに、話がどんどん広がっていきます。

口数は少ないけれどもしっかりした勇治さんと、年下のご主人を立てて、しっかりと家庭を守っている明るい晴美さん。

おもしろいですね。たかが鍵ですが、そのことひとつ考えることで、その家でどのように暮らすかがありありと浮かんできます。

新築家事セラピーを受けて

以下は、着工間近の６月上旬に、晴美さんからこの記事のためにいただいた原稿「新築家事セラピーを受けて」です。

家族とともに暮らす家をつくるにあたって辰巳先生の新築家事セラピーを受けました。家事セラピーを受ける前は、出来ている家を買うのではなく自分たちの生きる場所をつくっていくために、まず何をしたらいいのかそれはそれで手をつけかね、家ってこんな感じかなあ？私はこうしたいけど出来るのかなあ？とぼんやり新しい家を夢見ていました。

家事セラピーだって、片づけるのが苦手な私は二の足を踏んでいました。出来てないのは分かっていたから。でも、母や夫の「これからのために家事セラピーを受けるんだよ」という言葉にもやもやしていた気持ちが吹っ飛びました。

＊

辰巳先生の第１回目のセラピーでマインドマップをうんうん唸りながら作りました。家に対して、生活に対して初めてお互いの思いを知ることになりました。
これが私達の家づくりのスタートになった気がします。

かえちゃんをケージに入れている時間が長いことを、晴美さんはとても気にしています。

寝室に使っている２階の和室。碧ちゃんはふだんは１階で遊ぶことが多いそうです。後ろの出窓は、「かえちゃんの好きなところ」です。

今の暮らしや自分のことを言葉にして表にすることで、今までを見直し、自分の苦手なこと、好きなこと、本当はどうしたかったのか、これからはどうしたいのか、心の中がすっきり片づいた感じがしました。
私自身引越しを繰り返していたせいか、収納といえば「段ボールに詰めてしまっておく」癖が付いていたこと等、先生に見てもらうまで気づかなかった自分のことにたくさん気づきました。
普段は口数が少ない夫のこだわりや家族への思いも知ることが出来ました。２人のほとんどが一緒だと思っていたけれど、太い幹以外の枝葉は色々な方向に自由に伸び、違う色の実をつけていることに２人で驚きました。

＊

家の図面が出来たころ２回目の家事セラピーを受けました。たたき台となる図面を皆で眺めながら、先生の質問が始まりました。
起きてから寝るまでどう動くのか？何を置いて何を持って行くのか？
完璧かと思っていたけれど、私と夫と娘の生活動線をもう一度考え直しました。
私達の動きに必要な物は？いらないものは？その時、「家を建てる」って生活を考えること、そして生きやすく生きられるようにすることだと思いました。
そして夢の箱を生活で満たしていくために、設計図の中で現実の生活を想像していくことが大切だと気づきました。新しい家

パパ大好きなみーちゃんを中心に、家族がたいへん仲良しでした。みーちゃんもかえちゃんも、「ここが私の家！」と幸せになれる家ができますように！

に自分を合わせるのでは結局今までと同じ、ちょっと不自由さを感じながら「出来ない自分」になってしまったかもしれません。
こまかいけれど毎日の洗濯物や鍵を置く場所だって、私達にとって大事な毎日です。
今はほぼ家の設計図も完成し新しい家を待っています。
進級した娘は去年とはまるで違う行動パターンを披露してくれています。生活に同じ時は無いのだと実感しながら生活スタイルを変えています。

＊

考える種をえっさえっさ蒔いてくれた先生に感謝です。
家が出来ても丁寧に生きるコトを目指して、自分自身でえっさえっさ考える種を蒔き続けたいと思っています。
辰巳先生本当にありがとうございました。

〔佐藤晴美〕

家づくりをきっかけに「ていねいな暮らし」を考えましょう

家づくりという節目に、家族の絆を深め、ていねいに生きることを考えるきっかけづくりのお手伝いができることを、こちらこそ、ありがとう！と言いたい思いです。家ができてからも、折々の暮らしの節目でまたお手伝いしていければと思っています。

家づくりに向けて施主力UP!

楽しくてためになるこんなママ会はいかが？

施主力UP! セミナー「ママ友お茶会バージョン」佐藤雅理 ②

開催まで
村上さんが地元（東京都北区）で開催予定だった施主力UP! セミナー。開催のお話を聞いた数日後に、我が家ではちょうどリフォーム後の内覧会（実際住んでいるところをリフォームに興味をお持ちの方に見てもらう）予定でした。その場でセミナーの宣伝をしようと思ったのですが、浦安で宣伝しても遠いから、どうせなら我が家で開催しては？ということで実現した企画です。とはいえ、参加者は私のママ友が中心で、女子会ノリのセミナーとなりました。

開催概要
日時：2011年2月15日（火）13:00-15:30
会場：佐藤自宅（千葉県浦安市）
内容：1. 設計者に伝えるべき大切なこと
2. ワークショップ「私達はこんな家族（チーム）です。
3. ワークショップ「こんなふうに住みたいナ♪」
講師：村上有紀 ①／参加：6名

1つ戻ると「理想の暮らし」への違うアプローチが見えてくる

このセミナーはもともと、これから家づくりをしたい人が対象です。設計者や住宅会社に対して具体的な要望書を書く前に、まずは「自分たちはどんな家族か」「どんな暮らしをしたいか」を、ワークショップ形式で考えてもらおう、というものですが、今回集まってくれたのは私の幼稚園時代のママ友。「これから家づくり」というわけではありませんでしたが、「自分たちがどういう家族なのか」なんて普段、立ち止まって考える機会はなかなかないので、暮らしを見つめ直すよいキッカケになったようです。
さて気になるセミナーの内容。前半は要望書の書き方や考え方のお話でした。
要望を3段階にわけて実現方法を考える、というのは、普段の生活でも応用できる考え方で、とても参考になりました。
下の階層での要望が実現不可の場合、1つ上の階層に戻って「そのやり方はダメだけど……じゃあ、こういう方法もあるんじゃない？」と違うアプローチを考えてみる、という方法です。
図（次ページ右上）で言うと「アイランドキッチン」が設計上無理だった。でも、1つ上の段階に戻って考えると、施主がアイランドキッチンを希望していたのは「ホームパーティがしたいから」ということがわかります。設計者側は、そこで「アイランドではないけど、こういう形のオープンなキッチンは

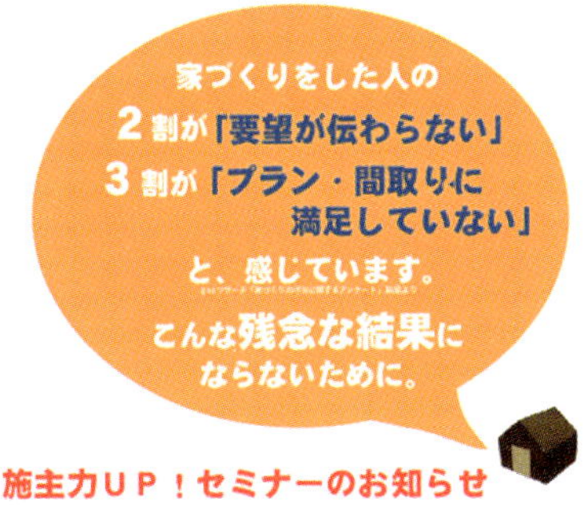
家づくりをした人の
2割が「要望が伝わらない」
3割が「プラン・間取りに
満足していない」
と、感じています。
こんな残念な結果に
ならないために。
施主力UP！セミナーのお知らせ

赤ちゃん連れでも気兼ねなく参加できるのは、会場が自宅だからこそ。

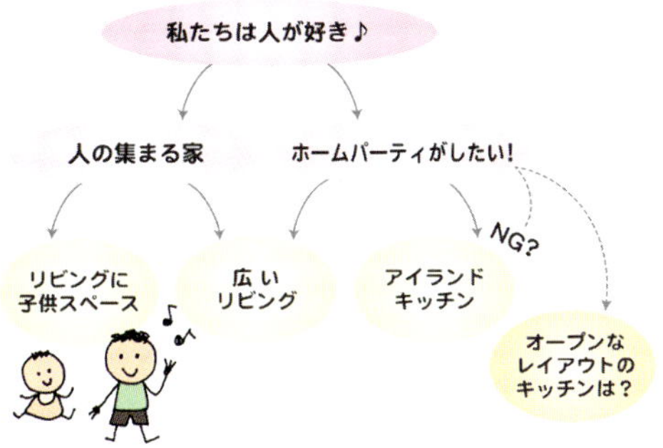
私たちは人が好き♪
人の集まる家
ホームパーティがしたい!
NG?
リビングに
子供スペース
広い
リビング
アイランド
キッチン
オープンな
レイアウトの
キッチンは？

要望を「階層分け」して考えることで、希望が行き詰まったときの選択肢が増えます。

どうでしょう」という提案が出来る、というわけです。
施主側が「なぜ自分がアイランドキッチンを希望していたのか」その希望の過程がわかっていると、設計側にも柔軟な対応をしてもらえ、より理想の暮らしに近づける、というわけです。素晴らしい！

「私たちはこんな家族です」

そして後半は、そんな要望書を書くための基礎となる「私たちはこんな家族です」「こんなふうに住みたいナ♪」をテーマに、それぞれマインドマップを作りました。
書き始めると楽しくなるのがマインドマップです。「時間が足りない～」「書ききれない～」という方は、家で続きをやってもらうことに。
書いているうちに「面白い！これはパパにも書かせよう！」と張り切っていたママもいました。なんとなく暮らし方がすれ違っている部分、お互いに不満を持っている部分、マインドマップを使って言葉にすることで、解決策が見えてくるのかもしれません。
それに、書いてみて初めて気がつく家族への思いも面白いのです。自分のことで言うと、私は自分のことばっかり（笑）。一方、パパや子どもたちのことばかりで「う～ん、自分のことはあんまり思いつかないなー」というママもいて、対照的でした。子どもについても「あれ!? 長男のことはたくさん出てくるけど、次男は……」とか。興味深

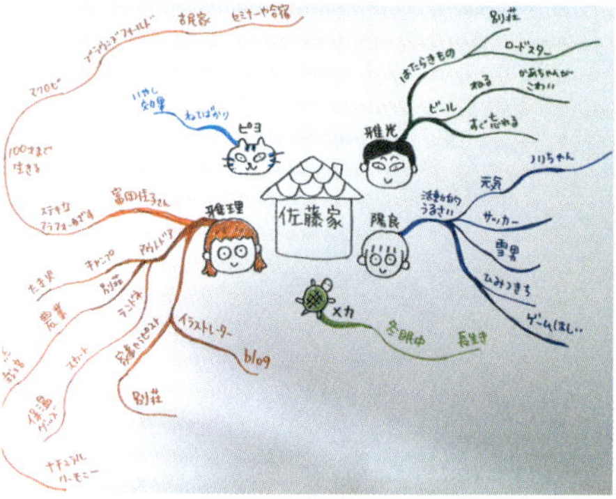

自分のことは次々浮かんでくるのに、夫婦ゲンカ後のせいか、夫へのキーワードが今ひとつ。他のママたちの「パパは大黒柱」「頼りになる！」などの言葉に少々反省しました。

マインドマップ初めて！のママたちも、やっていくうちにいろんなキーワードが浮かぶようです。

マインドマップを作った後は、１人ずつ発表。仲良しのママ同士でも、意外なキーワードに驚きが。

くもあり、怖くもあり !?
普段集まってお茶を飲みながら、たわいもない話をするのも楽しいのですが、こういう形でワークショップをしたり、テーマを持って家事について考える、というママ会も刺激があって面白い。

次回へのリクエストは子ども問題？パパ問題？

後日、参加のママから（自分の頭を整理するというだけじゃなく）「相手に伝えるにしても、漠然としたイメージではなく言葉に表すのが大事だと気づきました」との感想をいただきました。
さらに、今度は「子ども部屋や子どものオモチャ問題」とか「捨てられないパパのモノ問題」などのテーマでぜひお願いします♪という話もあり、やっぱり、皆さんの気になる家事のテーマといえば、やっぱり、収納やお片づけでしょうか。
ママ友同士だと、ライフステージがほぼ同じなので、共通する悩みも多いと思いますから盛り上がりそうです。そして、家事セラピストがそこにいることで、ただのママ同士の雑談から、一歩進んだ気づきや理解になるんじゃないかな、とも思います。
ぜひまた今回のような、楽しくてためになる「セミナー兼ママ会」を開催していければいいな、と思いました。

Part 2
暮らしづくりに「家事セラピー」を

片づけセラピー事例紹介

家全体の使い方を見直して、「家族のモノの片づけが大変」のストレスを解消

東京・N邸 片づけセラピー　村上有紀 1

はじめに

「片づけるのに精一杯。何もできずに一日が終わる気がする」とおっしゃったNさん。「すぐにでも来てほしい」というメールはSOSだったのかもしれません。初めて伺い、じっくりとお話を聞いた私たちは、仕事に家事に、そして育児にと全力投球しているNさんの頑張りに驚きました。くるくると実によく動いておられる。片づけのコツもよくご存じでした。では、ストレスの原因は何なのか？それを探り、確認する作業から片づけセラピーが始まりました。

実施概要

1回目：2011年3月2日（水）
2回目：2011年4月7日（木）
3回目：2011年5月24日（火）
いずれもご自宅にて、各回約2.5時間
参加者：1・3回目はNさん。2回目はNさんとご主人。
家事セラピスト：村上有紀 1・三浦陽子 1（1～3回目）、粂井優子 1（3回目のみ）

とにかく忙しいお父さんとお母さん

Nさんのお宅は、30代の共働きのご夫婦と小学生の娘さんと息子さんの4人家族です。働き盛りのご主人は、お仕事が忙しく、また夜勤もあるため、ご家族との生活リズムが合わないことが多い。
そのため、家のことはNさんが一手に引き受ける形になり、どうしても家事が回らない、特に、モノを片づけることに多くの時間を費やしてしまうことへのストレスをお感じでした。また、お仕事で疲れているご主人を少しでも休ませてあげたい、という思いと、自分だけでできることの限界とのジレンマもお感じでした。
「子どもの環境としても、整えたい」「子どもに片づけを身につけてほしい」という親心には、同じ子を持つ母として、私たちも応援したい気持ちでいっぱいです。
Nさん宅のセラピーは、合計3回、お伺いしています。1回目は、Nさんのみでヒアリングと暮らしのイメージを確認するマインドマップ、それと実際の作業。2回目は、ご主人も参加され、ご主人の暮らしのイメージを中心にヒアリング、マインドマップを描いてもらいました。3回目は、2回目の後の変化を伺いながら部屋全体のレイアウトを見直して移動、さらにモノを減らす作業をしています。
1回目と2回目の間に、あの大きな地震がありました。Nさんはこれまでも各地でボ

あまり迷うことなくサラサラとマインドマップを描くNさん。ここに出てくるキーワードから、さらに話が広がります。次第に緊張もほぐれ、これまでの暮らしや気持ち、ご家族の話をたくさん伺いました。

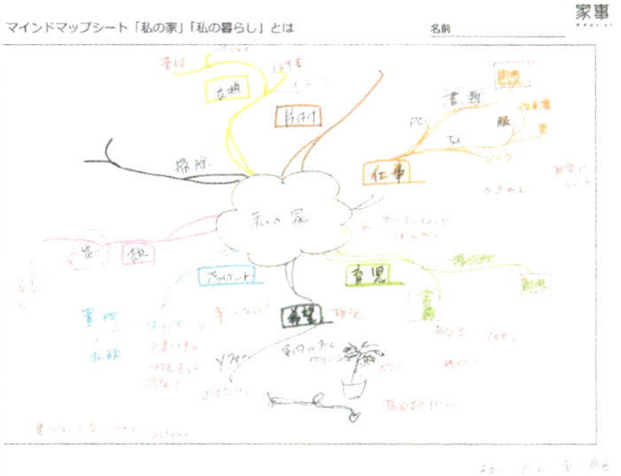

「私の家」をテーマにしたマインドマップ。セントラルイメージが「もやもや」しているのは自分でも家のイメージが「もやもや」しているからだそう。心が表れたのかもしれません。

ランティア活動をされていて、今回も支援物資を集めたり現地まで運んだりと、大忙しの4月、5月となったそうです。片づけの進捗も予定通りには進まなかったとおっしゃっていましたが、時間を空けてお邪魔する私たちには、しっかりとその成果が感じられました。

私の家に欲しいのは「笑顔」

まず、初回の片づけセラピーでは、マインドマップという手法を使って、自分の心にある気持ちや願い、理想のイメージなどを言語化していきます。「掃除」「育児」「片づけ」「衣類」といった、「今まさに悩んでいること」がキーワードとして挙がる中で、「顔」という言葉が出てきました。その先には「笑い」という言葉があります。

この「笑顔」というキーワードについて尋ねると「笑顔でいたいけど、日々のイライラで、子ども達にもつい小言を言ってしまう自分が対極にある」とのこと。家族の笑顔のイメージが「Nさんがつくりたい家」のイメージなのだと確認したところで、まずは、お住まいを全て見せていただきました。いくつかをご紹介しましょう。

一極集中のリビング

まずは、リビング。リビングは、食事をし、子ども達が宿題をし、くつろぎ、さらにNさんが在宅でお仕事をする、という、家族

N 邸の間取り。全体を見直して、3 回目のセラピーの際に子どもたちの机を緑線のように移動しました。

娘さんの学習机。リビングを入るとすぐに目に入り、存在感があります。N さんは「ここがごちゃごちゃしているから落ち着かないんですよね～」。

のさまざまな「行為」がなされる場所です。お姉ちゃんの勉強机は、リビングの一角にありました。付箋がたくさん貼られた辞書や、学習ドリルなど、お子さんの教育を大切にされていることも拝察いたしました。あちこちの引き出しや扉を開けながら、話を聞くと、いろいろな問題点が出てきます。

(1) 家族のモノの片づけが大変

午前中、朝ごはんの片づけを済ませて「さぁ、仕事をしよう！」と思っても、リビングには、子ども達やご主人が残していったモノがたくさん。それを、子ども達の机や、ご主人の部屋に戻すのに時間がかかり、仕事に取り掛かる前に疲れてしまうとのことでした。

「何をするにも、机の上のものをどけることから始めなければならなくて……」

確かに、そのストレスは次の行為へのモチベーションを下げてしまいます。

(2) ご主人の協力が欲しい

お話をしていて、まるで悲鳴のようにも聞こえたのが、ご主人との生活時間が合わないこともあり、家のことを協力して取り組むことができない、ということでした。話をするにも、ちょっとしたことから話がすれ違い、途中で話がストップしてしまうというのもお悩み。実は、この片づけセラピーも、ご主人と一緒に取り組む予定だったのですが、この日は仕事の都合で、参加できなかったのです。

「洗濯をするのは好きだけど、たたむのは嫌い」。わかります、わかります、その気持ち。家事も細かく見ていくと自分の嫌いなポイントが見えてきます。

寝室の押入れは、子ども達の衣類やおもちゃの収納に使われていました。そのため、布団がしまえません。

寝るだけの部屋

家事の中でも「洗濯は好き」というＮさん。学童期のお子さんもいて、１日に数回、洗濯機を回します。折しも、花粉症の季節で外干しできない洗濯物は、このリビングの隣に続く部屋に干していました。
また、布団をなるべく太陽にあてたいということもあり、東南のこの部屋をＮさんとお子さん２人の寝室として使っています。一間の押入れは、子ども達の洋服や、荷物でいっぱい。布団をしまうスペースがなく、（ベッドのような感覚で）布団を敷いたままの「寝るだけの部屋」として利用されていました。

衣類の部屋＋息子さんの机

玄関の横の、衣類を中心とした収納部屋の入り口に、下のお子さんの机があります。いわば「モノの居場所」ではあるのですが、勉強するのはリビングなので、行為の場「リビング」と、モノの居場所「机」は、一番離れた場所にあるわけです。
これでは、子どもはもちろん、Ｎさんが代わりに子どものモノを元に戻す際に、離れすぎていると感じました。また、手前の机があることで、洋服ダンスの扉が途中で当たって全開しなかったり、動線をふさいでいたり、部屋自体の使い勝手を悪くしているようでした。

納戸には実家から譲りうけた洋ダンスと和ダンスがありますが、部屋全体の使い勝手が悪く、半分くらいは空いている状態。

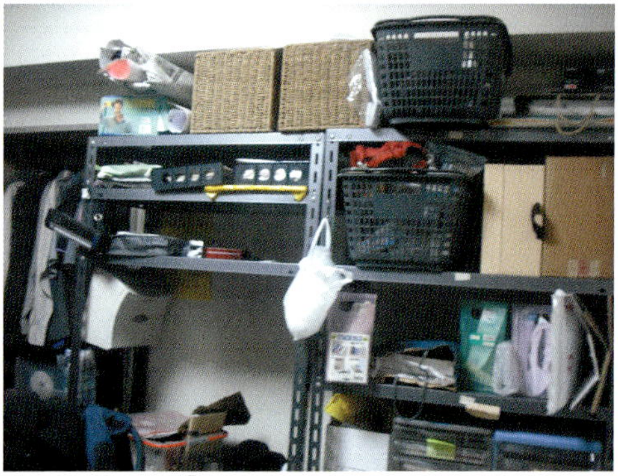

ご主人の部屋は「工房」のような雰囲気も。仕事の道具や資材を持ち帰ることも多く、徐々にモノが増えてきたとのこと。

ご主人の部屋

ご主人はお仕事柄、工具などの荷物を持ち帰ることが多く、衣類も普段着のほか仕事用の作業着、スーツ、バイク用のスーツなど、モノが多いとのこと。夜勤のあとに昼間寝ることも多いので、ご主人用の部屋を設けたそうです。

1回目はお会いできませんでしたが、2回目の時にご主人のお話を伺ったところ、ご主人は、家では「仕事とプライベートを切り離したい」と思っているとのことでした。現在、時間が不規則なうえ、自宅にいるときにも電話がかかってくるため、家でゆったりと過ごすことが叶わないのでしょう。さらに、仕事のものがある部屋で寝ているので、気持ちの切り替えが難しいのかもしれません。

とはいうものの、使う人不在で片づけはできないため、まずは、ご主人の部屋以外の部分に取り組んでいくことになりました。

初めは小さなところから

初回、お話を伺った後は、実際に片づけ作業をします。初めは小さなところで練習。Nさんは、ご自分の仕事書類コーナーを選び、書類や事務用品をひとつひとつ選んでいきました。結構スパッスパッと決断していくNさん。書類の中からは、片づけの雑誌が出てきたりもしました（笑）。

書類棚の上に、さらに積んでしまう書類やダイレクトメール。

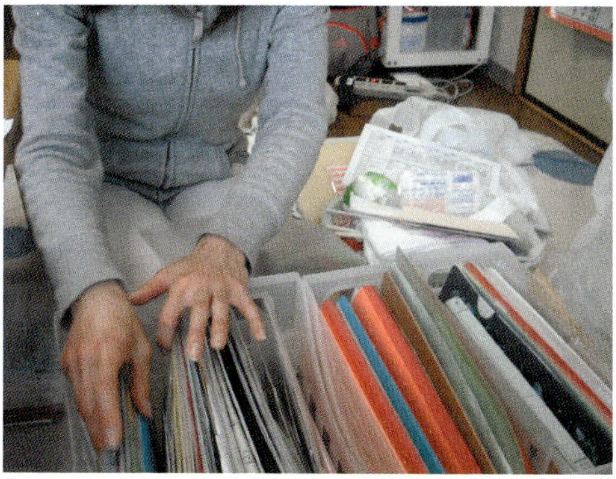

「もう上に置かない！」がＮさんの今日からのルールです。

ついつい上に積み上げてしまうという習慣をやめるべく、次回までに引き続いて頑張ってもらいました。そして、２回目、３回目と訪れた時には、決意通り、要るものだけがファイルボックスにきちんと納まっている状態をキープ。素晴らしい！

家全体を「行為と人とモノ」で考える

また、全体を見せていただくと「クローゼット」とか「リビング」といった部分での問題ではなく、家全体で「人」「行為」「モノ」の配置を見ていく必要があることがわかります。
最終的には、家全体の使い方を見直していくことになりました。３回目のセラピーでは、リビング横の部屋を「寝るだけの部屋」から「子ども達の部屋」へと変更することに。リビングと収納部屋にあった子ども達の机を並べました。
途中、学校から帰ってきた子ども達も加わって、親子３人と私達とで作業を進めます。家事セラピストのひとり（粂井）は、我が子をお手伝い名人、片づけ名人に育て上げたお母さん。子ども達への片づけレッスンも始まり、子ども達自身に「要るもの・要らないもの」に分けてもらい、机に収めていく作業をしてもらいました。２人とも実によく頑張りました（私達がお宅を後にしたあとも、頑張っていたそうです）。

Nさんが管理している扉の中や、主にNさんが使うキッチンなどは、モノの量は多めではあるけれど、どこに何があるかを把握して、きちんと収められています。

配線が見えてスッキリしないのが気になっているTVとAV機器のコーナー。ここを動かすには、ご主人の手伝いが必要なのだが、なかなか時間が合わず、一緒に取り組めないそう。

作業途中の様子。当初はリビングへ並べることも考えましたが……、やはり隣の部屋をもっと活用しよう！となりました。

ここからがスタート

リビングと収納部屋から机がなくなったことで、押入れにあった子ども達の服は収納部屋へ、Nさんの仕事の書類やパソコンをリビングにまとめて、と暮らしが変化していきます。リビングのテレビ周りにはご主人がカウンターを作ってくれるとの報告をいただきました（私達も嬉しい!）。
3回の片づけセラピーを終えて、これからが新しい暮らしの秩序づくりのスタートともいえます。娘さんが中学生になる頃には、また家全体での見直しが必要になるかもしれません。でも、それは当然のことです。家族の成長に合わせて、住まい方も変化していけるようフットワークを軽く、家族にとってのちょうどよい「モノの量」や「片づけのやりかた」を見つけてもらえればと思っています。

子ども達も頑張って片づけに取り組みました。南側の明るい部屋が子ども達のスペースになりました。笑顔で挨拶してくれた２人。すぐに、お母さんの右腕になってくれますよ！

いま暮らしている「家」でこそ聞けちゃう、話せちゃう、自分たちの暮らし

家カフェ in 岡山　福田麻未 1

はじめに

家カフェとは、その家に住む家族がホストとして、これから家づくりを考えている家族や実際に新生活をスタートさせている家族がゲストとして、みんなで「暮らし」について考える場です。「どんな家が建てたい」ではなく「こんな暮らしがしたい」というように、日々の小さなこと1つ1つに目を向けて考えます。自分らしい暮らしを実現されたホストファミリーのお宅で、お気に入りの音楽をBGMにおいしいお茶とお菓子をいただきながら「カフェ気分」で……。

開催概要

日時：2011年6月5日（日）10:00-13:00／14:00-16:00
会場：岡山県・T邸
参加：午前の部2組（子ども10名）／午後の部5組（子ども4名）

実際に暮らしをしている「リアルな場」でみんなでテーブルを囲んで話をします。お気に入りのテーブル、椅子、食器、雑貨、そこにある1つ1つ、Tさんのこだわりが溢れています。ショールームでもモデルハウスでもない「Tさんの家」で、設計段階から今に至るまでのいろんなお話をしてくださいました。

開放的すぎる!?　明るい水廻り

「これが自分たちの暮らしなんだ」と自信を持って紹介してくださるご主人。トイレ・洗面所・浴室が1つの空間になっているTさんの家。「え～ぇ!?」という声もありましたが、これが自分たちの暮らし。水廻りのことはすべてここに集約されている感じ。「水廻り」といっても明るくて開放的な空間だから、そこにいてもすごく気持ちがいいんです。隅々まで手入れも行き届いていて、この場所もこの家の1つの顔。

もちろん子育ての話だって尽きません。「家のコトは生きるコト」と家事塾でも言いますが、暮らしは家族１人１人の「家のコト」「生きるコト」が積み重なって形成されていくものだと思います。子どもたちもその１人。でも親にとっては子育ても未知のコト。いろんな人の意見を聞いたり情報交換をしたりしながら、自分たちなりの答えを見つけたいですね。

Ｔさんの家の２階にある広〜い「じゆうなところ」。将来的には子ども部屋になるであろうこの場所は、今はキッズルームのようにおもちゃや絵本がいっぱい。ここは「じゆうなところ」だから子どもたちも本当にのびのびと自由です（笑）。おもちゃが部屋中に散乱することもしばしば。でもきちんと手の届くところに本棚やおもちゃ箱があって、きちんとお片づけも上手にできる子ども目線の部屋になっていました。

秘密のノートに興味津々

このノートはＴさんが家づくりの際に、自分たちの暮らしのイメージをメモしていた記録ノート。「ここにこれを置こう」「ここにはこの家具を置いて収納しよう」など、Ｔさんの家のヒミツを公開中です。みんな興味津々。設計者任せになるわけでもなく、自分たちよがりになるのでもなく、こうして自分たちの考えを伝えること、考えることが「自分らしさ発見」に繋がるのではないでしょうか。

家カフェのいいところは、ゲストファミリーだけではなくホストファミリー自身も話をしている中で「自分たちの暮らし」を再確認できるところ。なかなか家族でお互いの想いや気持ちを話す機会なんでないですから。たまには、こういう「場」で改めて考えてみませんか？

最後に

家の話をしていると、たいていの方がこう言われます。「いろんな雑誌を見たり、モデルハウスに行ったりするけれど、いろんなものを見すぎて自分たちにとって何がいいのかわからなくなっちゃうんです」と。
情報が溢れすぎている時代。もちろんいろんな意見を聞いて情報を入れることは大切ですが、それはあくまでも人の考え方。その中から自分らしさを見つけるのはすごく大変なことなのかもしれません。自分らしさと言っても「個性的」とはちょっと違っていて、「等身大の自分」と言った方がいいでしょうか、無理をして背伸びをするわけでもなく、自然と自分に馴染むような「ちょうどいい」感覚。
「これでいいのかな？」と不安に思ったりすることもたくさんあると思います。でも「これがいいんだ」と判断する基準はいつも「私」であることに気付いてもらいたいんです。十人十色、こうじゃなきゃダメだという固定観念をとっぱらってしまえば、気持ちがすーっと楽になります。
そんなときの家事セラピストは、「こうした方がいいですよ」「こうすればうまくいきますよ」というアドバイザーではありません。「等身大の自分」発見のお手伝いをする役だと思っています。

ソラマドの家で一日カフェ開店!? 収納から新築までを語り合う なごやかな時間

家カフェ in 博多　淀川洋子 1

はじめに

アトリエ SORA さんより「家カフェ」で何かやっていただけませんかとのご依頼がありました。既に住んである方のソラマドのお家で、お見えになる方へお話をする。参加者の情報がない中で、大丈夫だろうかとの不安もありましたが、想像できる限りの場面を考えてお伺いしました。
当日は、小さな子どもさんが多いこともあり、参加したみなさんで暮らしについてのお互いの思いを出し合う形で進め、その中に家事セラピストとしてのエッセンスをほんの少し加えながら、なごやかな時間を過ごすことが出来ました。

開催概要

日時：2011 年 1 月 23 日（日）10:00-13:00 ／ 14:00-17:00
会場：福岡市東区・K 邸
参加：午前の部 5 組（子ども 10 名）／午後の部 3 組（子ども 2 名）

リビングからは光輝く海が一望でき、屋上は緑が植えられ風と光を感じる。そんなお家のここは台所です。まずは K さんに、お家の中の説明をして頂いている場面です。どんなふうに収納しているのか。どこがお気に入りで、どんなところに困っているかなど。そんな会話に子どもたちも聞きいっています。

誰もが困っている「収納」のこと

子どもの多さに多少とまどいながら、グループ討論形式でお話を進めていきました。「収納」をテーマに、また暮らしのどのような場面で心地良さを感じるのか、一人ひとり語っていただきました。人の話を聞くことで自分の中に落とし込んでいったり、自分の困ったことが人も困っていることで安心したりと、時間を忘れてお話がはずみました。

キッチンの奥の和室では子どもたちがお昼用のおにぎり作りに一生懸命です。本当に不思議ですがこういうお手伝い（遊び）をしている時の子どもは集中力のかたまりです。見ていて思わず笑みがこぼれます。

午後の部は子どもさんが大きかったので落ち着いた雰囲気の中で話を進めることが出来ました。Kさんのご主人も地域の行事から戻られて参加。これから新築を考えられているお二人を中心に、どのような暮らし方を考えているのかなどを話していただいたり、男性の立場からお話をしていただいたり、話がはずんで夕日が沈んで夕食の時間が来るまで気づかないほどでした。

暮らしの話をするのは楽しいですね！

なごやかな雰囲気の中でカフェも閉店いたしました。場所を提供いただいたK邸のご夫妻の本当に暖かいおもてなしに心から感謝いたします。
また、参加者の中のお二人が福岡の家事セラピスト養成講座に参加していただくことになったのも嬉しいことでした。

片づけセラピー事例紹介

捨てることがこんなに楽しいなんてびっくりしました！

越前市・N邸片づけセラピー　松本照美 1

はじめに

ライフステージが変わると暮し方も変わり、物の量や扱いなども変える必要に迫られます。
今回ご相談のあったNさんは育児休暇がもうすぐ終了。子どもさんは保育園に、Nさんは復職。
これまでの状態ではいけないと思いつつ片づけ方がわからないので不安だったとのことでした。

実施概要

1回目：2011年3月13日（日）9:00-12:00
2回目：2011年4月13日（水）13:00-15:30
いずれもご自宅にて

「このままではいけない」状態

家の中で最も気になる場所はクローゼット。特に靴下類が捨てられないとのこと。
もらい物が多く、どうすればいいか分からず増えるばかり。山積みになっている上部の靴下を使いまわしていたそうです。
靴下を入れるカゴに入りきらず、横に積み上げられていました。

一日着た洋服はタンスの引き出しに戻す気になれず、とりあえず鏡台の椅子の上に……でも次に着る日は決まらず徐々に山積みに。

分類が終わって仕事用とプライベートのカゴに分けました。

片づけを進めているうちに一時置きを決めていた事を思い出し、洋服は所定の位置に納まりました。

キッチン横の納戸の棚。「とりあえず」置いていたモノは使うべき場所に置き直し、「いつか使う」と思っていた紙袋は数を決めて処分しました。その結果取り出しやすい棚になりました。

「使う」「使わない」で分けてみる

マインドマップを描いてみると「捨てる基準が分からない」「分類方法が分からない」ことが明らかになってきました。「捨てる技術」の考え方をお話ししていざ！現場へ！
靴下一つを手にして迷っているＮさんに「来年の冬、使おうと思う？」と判断材料を伝えます。
Ｎさん「う～ん……使わないと思う」
迷いながらの作業が次第に笑顔に変わっていきました。そして、作業を終えると、
「捨てることがこんなに楽しくてスッキリするなんてびっくりしました。この感覚を忘れないうちに他の場所も片づけます！」
と頼もしい笑顔でお話ししてくれました。

片づけセラピー事例紹介

目の前で片づくリアリティが人気!? 公開講座で、さっそくうちも片づけたくなる！

公開片づけセミナー「みーちゃんち実践バージョン」笹島加奈美 1

はじめに

北海道江別市に住む坪崎さん（みーちゃん）はご主人と中学生の娘さんの３人暮らしです。現在が暮らしにくい訳ではないけれど、なんだか物が多いと思い始めていました。お伺いするとスッキリしていて一見問題なさそうな感じでしたがあちこち見せていただくと家族数の割には物が多い。他人に見せない部分の見直しを「このような悩みを抱えている人はたくさんいるから」と友人に声をかけ公開式で講座をすることになりました。

開催概要

１回目：2011年３月２日（水）10:00-12:00／参加：６名
２回目：2011年３月８日（火）10:00-12:00／参加：５名
３回目：2011年３月27日（日）10:00-12:00／参加：５名
会場：みーちゃんち＝坪崎さん宅（江別市）

各回とも最初は「物」について考えます。我が家の悩みなどの意見を出し合いみんなで共有しながら差し入れの手作りお菓子やお茶でワイワイと楽しく爆笑の時間です。また、子連れで参加もOKだったので遊ばせながらできる企画です。

ついつい買っちゃう、キッチン便利グッズ

１回目はみーちゃんが一番気になっていたキッチン。引き出しを開けるとたくさんのツールでいっぱいでした。栓抜きやピーラーが各４～５本も有り「これは何？」というグッズも出てきました。説明を聞くとみーちゃんは宅配型のお買い物をしていた時にカタログを見ては「便利！」という言葉に誘惑されついつい購入していた事が判明しました。他人の便利は私の邪魔！そのものでした。

次に取り組んだのが、みーちゃんが一番悩んでいた保存容器の入った食器棚。
実は初めてここを開けた時に雪崩のように飛び出してきた事実があります。
これらは友人の勧めで購入したり、頂いたり等でどんどん増えて容器とふたがどれだか把握できなくなっていました。

出してみるとものすごい量です。自分が使っているのはほんの一部であることに気付いたみーちゃん。中には未使用もあったので実家のお母さんの古いのを取り換えるために残したり、参加者の人が自分の家のより新しいからともらってくれたので全部廃棄することなく整理ができました。

早くもすっきりしてきた２回目

２回目にお邪魔した時、驚いたのは前回に残した保存容器がさらに減っていたこと。
そして、空いた場所には乾物や食品ストックが収められていました。保存容器が入るスペースは下段の空いている部分だけで大丈夫となり「こんなに物がなくなったのに全然不自由じゃない。それどころか使いやすくなって快適です」と今回の参加者さんに気持ちを伝えてくれました。

今回はリビングボードに入っている大量のマグやグラスの見直しです。
来客が多いみーちゃんちですが、数えたら35個もあるってどうでしょうか？
おまけに何かを飲むときはグラスをこちらまで取りに来なくてはいけない不便さもありました。
好みではないけど頂き物だからとなんとなく飾ってある食器もズラリと入っている状態です。

「みんなはこうなっちゃいけないよ」と大笑い

3回目はリビングボードの文房具。
「なぜ、こんなにペンがあるの？」
「前に絵を描いていたり、お店で可愛いなと購入したり……でも全然使っていないの」
今までの自分の物の買い方と持ち方を自戒も含め「みんなはこうなっちゃいけないよ」と言い、大笑いになりました。でも、みなさん「ある！ある！」と同じ心境です。他人のものを通して自分をみつめているようです。だから公開型はすばらしい！

最後は引き出しの薬。同じ軟膏が全部中途半端で使っていたり、薬の期限が切れているものも有りひとつひとつチェックしました。「こんなの飲んだらかえって体悪くなるね」とまたまた大笑い。

物がなくなったので広くなったキッチン。
ものすごく動きやすくなったそうです。

今まで奥にあって目立たなかったグラス。
高級だからとか勿体ないからと使っていなかったが、このようにしてからご主人が毎日晩酌に使い喜んでくれたそうです

参加者の方に片づけ経緯を説明するみーちゃん。
スッキリ・綺麗になったのが自慢です。
（見せたくなる気持ちわかります！）

最後に

このように小さな１か所ずつ取り組んでいきました。
今回は参加者が毎回違いましたが終わるごとに次回も来たいと言ってくださる声が多かったこと！本当に嬉しい限りです。そのためその後がわかるようにその都度ブログに経過を乗せ報告しました。みーちゃんの頑張りを見て自分も手を動かし始めたみなさんです。公開実践バージョンはみなさんのやる気度がアップする講座です。

家事塾講座のご案内

家事塾では、暮らしを見なおしたい方、片づけや家事に苦手意識がある方、子育ての場として暮らしを整えたい方のための講座を開催しています。講師は、代表の辰巳渚をはじめ、家事塾認定家事セラピストがつとめます。
また、企業・自治体・団体様からのご要望に合わせた講座のご相談・ご提案は、㈱家事塾にて承っております。　（※受講料は全て税込です）

大人のための講座

●片づけ塾

半日コース（2時間）3,500円
表面的なテクニックにとどまらない、片づけの原則を身につける講座です。

＊講座の様子は66ページ～

●捨てる技術塾

半日コース（2時間）3,500円
片づけの基本理念と、「捨てる！技術」の基本的な考え方を身につける講座です。

＊講座の様子は68ページ～、70ページ～

●捨てる技術マスター講座

1日コース（5時間）15,000円
捨てる技術塾の内容に加え、「捨てる！技術」を身につける講座です。修了者に、マスターの称号を付与します。

●家のモノ講座（片づけ塾）

5回コース（1回2時間）30,000円
2級家事セラピスト講座の第1部「家のモノ講座」にあたります。講義とワークショップでモノとの関係を根本から見直し、すっきりと気持ちよくまわる暮らしの実現を目的としています。毎回、簡単な課題があります。

●家のコト講座

5回コース（1回2時間）30,000円
2級家事セラピスト講座の第2部「家のコト講座」にあたります。「家事」に隠された､楽しく、クリエイティブで、柔軟な側面を発見するための講座です。講義とワークショップを組み合わせたカリキュラムです。毎回、簡単な課題があります。

●家事セラピスト養成講座（2級）

標準6か月課程120,000円（税込み・認定料含む）＋5,000円（テキスト代）
「モノ・コトで自分を理解するスキル」「家事に関する基本的教養」「家事塾オリジナル問診シートによる自己分析法」を習得します。講座（2時間×12回）、実習（3回）を修了し、認定試験に合格すると「2級家事セラピスト」の資格が認定されます。

親子のための講座

●お手伝い塾

1日コース（5時間）6,000円（親子1組）
宿泊コース（1泊2日）28,000円（親子1組）
親子ペア参加で、お手伝いの意義を考えるワークショップと実習を組み合わせたカリキュラムです。
宿泊コースと1日コースがあります。

＊講座の様子は84ページ～、88ページ～

子どものための講座

●お手伝い塾

半日コース（2時間）3,500円
お手伝いの意義を考えるワークショップと学習をします。

●お片づけ塾

半日コース（2時間）3,500円
机まわりを中心に考えます。「お片づけができる子は何でもできる」が理念です。

ジュニアのための講座

●家出塾

宿泊コース（1泊2日）18,000円
ワークショップと自習を行いながら、自立を考え、身につける、中学生・高校生のためのコースです。

●カードゲーム実践講座

半日コース（2時間）6,000円（カードゲーム代金含）
カードゲーム「家を出る日のために」を使い、ディスカッションによって具体的・主体的自立を学びます。

各種講座の詳細、現在募集中の講座に関する情報は
家事塾ホームページ〈http://www.kajijuku.com〉にてご覧いただけます。
お問い合わせ・お申込みは― TEL. 0467-73-8076　E-MAIL: info@kajijuku.com

家事塾の講座レポート

自分の家のこと、他人の家のこと、話して聞くだけで次の一歩が見えてくる

東京組特別協賛定期講座　村上有紀[1]、天田理枝[1]

このレポートについて

2010年12月より、東京組の特別協賛で月1回の定期講座を開催しています。代表・辰巳渚による「暮らしのすっきり」「片づけ」など家事塾おなじみの人気講座のほか、家事セラピストたちも自ら企画する講座で登場します。各回とも、ワークショップを交えて、受講生同士暖かく、そして熱いひとときを過ごせるのが特徴。そんな講座の様子を、2人の家事セラピスト（3月開催分は村上、5月開催分は天田）がレポートします。

開講概要

2011年3月7日（月）10:00-12:00／講師：辰巳渚／参加：10名
2011年5月19日（木）10:00-12:00／講師：粂井優子[1]／参加：12名
会場：株式会社東京組・駒沢ショールーム
主催：家事塾／特別協賛：株式会社東京組

3月7日
「すっきり！」とは何かを考えよう

「今日は千葉からきました〜！」
大雪で交通網の混乱が懸念される中、この日の一番乗りの受講生は、なんと千葉県から。辰巳さんの著書を以前からご覧になっていて、朝早くの電車で来られたとのことでした。
この日は、ワークショップを交えての講座です。家の中で気になっているところを絵にし、それを受講生同士で発表しあうところから始まります。最初は緊張するのですが、すぐに「あ、わかる〜！」という共感の声やうなずきの声、時に笑い声が出て和やかな雰囲気になります。
周りの人は、その話を聞きながら気づいたことを付箋に書き出し、その付箋をもとに、グループで家の中がすっきりしない理由を整理していきます。
この作業を通して私が面白いなぁと思うのは、講座は、参加者の皆さんがつくりあげるものなのだ、ということです。「すっきり」講座は、家事塾のいわば看板講座で、私も何度か参加・見学しています。しかし、どの回もそれぞれ違った盛り上がりを見せます。私が以前参加した時には、小さな子どもを持つママが多く、「子どもの作品が捨てられない」とか、自省を込めて「我が子は、片づけのできる子に〜」という思いがあふれだしました。
今回は、「肩パット入りスーツ」という言葉

「捨てたいけれど、捨てられないもの」を書き出してみる。「あぁ、うちと一緒！」とか「えぇっ、そんなものが !?」とか、話してみると結構楽しいもの。

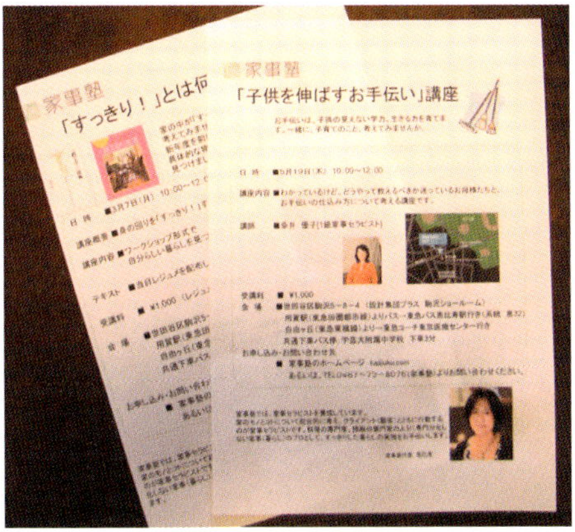

東京組の特別協賛で、同会場で月に 1 回、暮らしにまつわるセミナーを定期開催。開催情報・参加申込みは、東京組ショールームで入手できるチラシ、家事塾 web サイトにて。

がキーワードに。お話を伺うとバブル時代を謳歌した方が多い様子で、「質がいいので捨てられない」という、一世代下の私にはちょっとうらやましくもあるお悩みから話が盛り上がりました。また、その服を着ていた時の「よく働いていた自分」とも結びついていて、その頑張りをとっておきたいという話。モノは気持ちと結びつきがあるがゆえに扱いが難しいことを改めて感じます。

ある方は「家に帰ったら一度スーツを着てみる！」とおっしゃっていました。クローゼットにしまったままでは状況は変わりません。まずは手を動かしてみること。いきなり「捨てる」にいかなくても、まずは試しに「今、着てみること」も大きな変化です。その姿、スーツを着ている「今の」自分を見てみることで、気持ちの整理がつくかもしれません。なるほど、それは有効かもしれないと思いつつ、その後、どうなったのか、経過も聞いてみたいところです。

片づけ文化を育てる「場」

講座の中で辰巳さんは「片づけは文化である」と言われました。確かに、片づけは自然に身につくものではなく、昨今の片づけ大ブームは、新しい文化が切磋琢磨している表れのように思えます。

片づけが文化であるならば、この講座のように仲間同士で学ぶ「場づくり」も大切です。友達同士で集まる気安さとはちょっと

明るい日差しの差し込む会場。気持ちの良い場所で、事例をふんだんに織り交ぜられた講座が進む。参加者は、事例を身近に感じ、子どもに寛容でありながら芯のある接し方の粂井講師のお話に惹きつけられる。

違うけれど、暮らしをテーマに集まって講師や仲間、お互いの経験から学び、暮らしの中で実践する。この「場づくり」も、私たち家事セラピストが期待される役割なのだろうと思います。

5月19日
子どもを伸ばすお手伝い

「家事セラピストって、何をする人？」家事セラピストに興味を持って尋ねてくれる人に自分の言葉で説明する“私の答え”を探している。家事セラピストを目指して勉強中だというのに情けなくなる。
そんな時、先輩家事セラピストの粂井優子さんの講座があることを知った。
講座のテーマは「子どもを伸ばすお手伝い」。家事塾講座にない、粂井講師オリジナルの講座だ。小学校高学年の女の子の母親としてタイトルに心惹かれる。
家事セラピストの仕事ぶりを間近に見られたら、“私の答え”が見つかるかも、と早速受講の申し込みをした。
これぞまさに五月、という気持ちよく晴れ渡った日、世田谷・駒沢公園近くの会場へと向かう。心待ちにしていた講座への期待で、自転車を漕ぐ足にも力が入る。
講座は、自己紹介で始まり、続いて「子育てって何？」「子育ての目標は？」と問われた。参加者から「自分で生きていけるように伝授すること」「自分のこと、周りのことができるようにすること」という答えがあり、日々の生活で目標を忘れていたことに

「子どもの頃のお手伝い体験」「子育て中のお手伝いエピソード」を交えての自己紹介の風景。自分と似た体験だったり、全然違ったりで面白い。子育ての悩みは共通することが多く、参加者同士、親近感がわく。

粂井講師の温かいまなざしや笑顔が、参加者をリラックスさせ、お話を引き出していく。参考になる言葉に受講者のペンが動く。粂井講師の"つっこみ"で笑いの絶えない講座になった。

気付かされた。

粂井講師は、子育ての目標は「自立＝困難を乗り越えられる力をつけ、楽しく生きていけるように」「自分のものさしを持てるように」だという。例えば、皆がやるから私もやる、ではなく、自分のものさし・基準で行動できる人、という捉え方に講師の芯の通った子育て観、気概を感じた。粂井講師の明るく、笑いのある話に参加者はグングン引き込まれ、相乗作用で、会場がいい雰囲気になっていく。

次に、「子育てのゴール」は、家事塾の辰巳渚先生がおっしゃる「家を追い出す日」であるという話に進む。それは、食い扶持を稼ぎ、身の回りのことができ、周りの人とうまくコミュニケーションをとり、やっていける社会性を備えることである、という定義に、改めて深くうなずいてしまう。

そして「なぜお手伝いなのか」とお手伝いがもたらす効用を聞き、「どうしたらお手伝いを習慣にできるか」と粂井家の事例が紹介されると、もう、わが子にお手伝いをさせずにはいられない。

が、続いては「お手伝いにいざなうために」親が思ってはいけないこと、やる気をなくさせる10の言葉の話。親が「やらせる」と息巻くだけではうまくいかないのだ。頭と身体を使って、子どもが「お手伝いは楽しい。またやりたい」と続けられるコツを教わる。かゆい所に手が届く配慮、構成に感服する。

家事セラピストの大きさ、広さ、難しさを楽しむ日に向けて

事例の中で粂井講師が、「同じ子育てママではなく家事セラピストの言葉だったら耳を傾けてもらえるかも」と家事セラピストを志した強い動機を知った。

そう、家事セラピストの仕事は広範囲だ。辰巳先生や先輩の作って下さった道もあれば、自分で新しく作り出すこともできる。大きくて広くて、「家事セラピスト」を簡単に説明するのは難しい。でも、難しさを楽しみ、いつの日か自分の言葉で語りたい。

家事塾の講座レポート

「家の中のすっきりしないところ」に、初対面でも「わかるー！」の声・笑顔の輪

すっきり暮らす片づけ講座 in 金沢　粂井優子 1

このレポートについて

家事セラピストが各地からのお招きに応じてお伺いし、「片づけ塾」のプログラムをベースに、地域の事情や主催者・受講者のニーズに応じてアレンジして開講しています。金沢での講座はキャンセル待ちが出るほどの人気で、定員 26 名のところ、当日は 28 名のみなさんに参加いただきました。東日本大震災の翌日、たどり着けるか不安になりながらも「待っていてくれる受講生がいる限り、なんとしても向かわねば」の一心で現地に赴いた担当講師がレポートします。

開講概要

日時：2011 年 3 月 12 日（土）13:00-16:30 ／参加：28 名
主催：ライフラボ北陸（セブン・スリー株式会社）
会場：石川県金沢市石川地場産業振興センター第 20 会議室

捨てたいのに捨てられない みんな悩みは同じでした！

会場にはたくさんの方がマイカーで駆けつけてくださり、和やかなムードで講座が始まりました。「はっぴーママ」という幼稚園・保育園で無料配布される情報誌を見て集まった若いママたちを中心に、既に子育てを終えたお母様、親子で参加という方もいました。

簡単に自己紹介をしていただくと、片づけたいのに片づけられない、たくさんの整理本、『「捨てる！」技術』は読んだけれど、家の中がすっきりしない、捨てたいのに物が捨てられない、など、みなさん同じような悩みを抱えていることがわかりました。

楽しみながらのワークショップで「すっきりしないわけ」を明らかに

まず 5 ～ 6 人のグループに分かれ、グループ名をつけていただくと、「すてきなハウス」「目指せいつでもどうぞ」など、みなさんの願いのこもったネーミングで、やる気満々の気持ちが伝わってきました。

「すっきりとは何か？」のワークショップで、自分の家のすっきりしないところを絵で表現し、発表してグループ内の他の人から付箋でコメントをつけてもらいます。発表が一巡したら付箋をまとめ、「すっきりしないわけ」を探っていきます。みなさんとても楽しそうな表情でした。

そしてグループごとに発表。「仮置き」が「本

最初のご挨拶中。若いママたちに伝えたいことがたくさんある私は、ワクワクしていました。

「ついついちょい置きしちゃうのよねー」などの意見に、「わかるわかるー」との共感の声が上がります。初対面同士でも、みなさん笑顔で和気あいあい。

主催者の住宅メーカーのみなさんも急遽チームをつくって参加！

置き」になる、しまう場所が決まっていない、などの「すっきりしないわけ」や、「隠す」「たまる」「面倒」という悪循環の様子が浮かび上がってきました。

身体を動かせば生活が楽しくなる。実践していますか？

まとめとして、暮らしは常に動いていること、定位置・定量を決め、捨てることの大切さなどをお話ししました。

「捨てるための10か条」で心に留めたいことを、全員に発表していただきましたが、みなさん深く頷きながら、他の方の発表を聴いていたことが印象的です。

さらに、自分ばかりが片づけをしたくない、という意見も出たり、若いお母さん方も大勢いたので、子どものお片づけ・お手伝いの大切さを、私自身の経験をもとに話しました。

頭の中でわかっているだけではなく、身体を動かすことこそがとても大切で、これは楽しくもあり、生きる意欲にもつながるのです。とても熱心に耳を傾けていただき、講座後のアンケートにも、「母として、覚悟をもって子どもに仕込んでいきたい」と書いてあり、嬉しくなりました。

参加されたみなさんが、実践してくれているといいなあ。みなさんの生活が、より楽しいものになることを願っています。

家事塾の講座レポート

みんな「捨てられないもの」と格闘しながら暮らしている

捨てる技術講座 in 鹿児島　保井久美子 1

はじめに

九州での家事塾の講座と聞いて、早速、参加申込をしました。私は宮崎在住なので、直接、辰巳先生のお話を聞かせていただける数少ない機会だとワクワクしながら、『家まるごと２日でスッキリ!!　辰巳渚の「捨てる！」生活』の本を片手に、鹿児島行きの電車に乗りました。「もし、発表をする機会があれば、何と言おう」とドキドキしてもいました。

雨模様の中、到着した会場は、港の近くのとてもお洒落な「蔵」のイメージのホールでした。

開講概要

日時：2011 年２月 20 日（日）13:00-15:30 ／参加：60 名

主催：ライフラボ鹿児島（株式会社ベルハウジング）

会場：多目的ホール「プティ・パレ」

捨てたいけれど、捨てられない「主人の背広」（笑）

「捨てたいけれど、捨てられないものは？」辰巳先生の明るい声とともに、講座がスタートします。最初は遠慮がちだった会場の中から、少しずつ手が上がり、声が聞こえてきます。洋服・食器類・本・靴……。私も同じだなと思いながら聞いていました。

続いて「使い勝手の悪い草刈り機」「主人の背広」と、だんだん現実的な声があがってきます。「主人の背広」という発表のときは、主婦の方が、「うんうん」とうなずいたり、笑いも出ていました。

また、「和服」「木綿の布団」と、日本人らしい生活感のあるものもあがってきました。「和服」というのは、本当に難しいと思います。たいてい、親から譲り受けたり、身内の方から「財産」という形でいただいたりするかと思います。自分の好みよりは、親、目上の方の好みで、「こういうのがいいのかな？」とつくったりしても、なかなか、着る機会もありませんし、保存も大変です。ただ、金額がけっこうするために、「捨てられない」の中に入ってくるのでしょう。

そして、「なぜ、捨てられないのですか？」という質問に「多くて、かさばる」「あまり使い勝手が良くない」「一万円以上かかったから」という声があがってきました。

みんな、生活をしていく上で、いろんな「捨てられないもの」と、格闘しながら暮らしているのだな、と感じます。

「捨てたいけれど捨てられないものはなんですか？」という辰巳先生の質問に、会場の皆様からの発表が次々と出て、ホワイトボードに書かれていきます。皆さん、一生懸命、考えていらっしゃるようでした。

「いらない物がない」ことの気持ち良さ

実をいうと私も、衣替えの時に、着もしない服を押入れからタンスへと、ただ役目のように入れ替える自分に疑問をもったことが、家のモノやコトを考えるきっかけでした。「もったいない神様」の世代なのか、高校時代（30年前です）のセーターまで持っていたほどでしたが、家事塾との出会いで、「捨てる」＝「悪いこと」の概念に縛られていた自分から、やっと自由になりました。
そして、「家事」に対するイメージも変わり、「家の中」が、自分の居心地の良い場所へと変わってきました。「いらない物がない」ということは、こんなにすっきりして、気持ち良いことなのか……と改めて感じます。ぜひ、この「スッキリ！!」を皆様にも、体感していただきたいと思います。

みんなの暮らし・自分の暮らしが見えてくる

辰巳先生の質問は、客席のお客様だけでなく主催者側の方にも飛び、「来ると思ってなかったでしょう？」という辰巳先生の言葉に、会場が和みました。
講演の後には、辰巳先生に直接お話をしたい方が、大勢待っていらっしゃいました。
目からうろこの体験を、皆さんもしてみませんか？　「こころの癒し」が求められる今、いちばん身近な所に、それはあるのかもしれません。

「捨てたい」けれど「捨てられない」モノとのつきあい方を見直そう

捨てる技術講座　服部実雪 2

このレポートについて
2011年3月、三重県桑名市、福井県池田町の2会場で相次いで「捨てる技術」について講演する機会をいただきました。地域、参加人数、参加者年齢も異なる2つの講座。その時の経験を踏まえ、興味を持っていらっしゃる方へ「捨てる技術」とはどんな内容か、どんな感じなのかお伝えしたいと思います。

開講概要
1）日時：2011年3月13日／会場：ライフラボ三重「陽だまりの丘」モデルハウス（桑名市）
主催：ライフラボ三重（宮崎工務店）／参加：8名（男性4名・女性4名、主に30～40代）
2）日時：2011年3月19日／会場：福井県今立郡池田町「能楽の里文化交流会館」
主催：池田町女性団体連絡会／参加：女性92名（主に60～70代）

綺麗な家でスッキリと暮らしたい！

「あなたの家は綺麗ですか？」そう質問されたらなんと答えますか。
「はい、綺麗になっています！」自信を持って答えられる人は少ないのでは……。
「部屋にモノがあふれていて、ごちゃごちゃしている」「子どものおもちゃが散らかっていて、何とかしたい」「すっきりとした部屋にしたいのに、私の理想と違う！」そう思っている人、多いですよね。「狭いし、収納に困るから無駄なモノを買わない」そう固く心に決めている人もいるのではないでしょうか。しかし人は弱いもの。素敵なモノに出会ってしまうと、つい買ってしまう。その結果、片づけに困ってしまうなんてないですか。
誰でも「綺麗な部屋でスッキリと暮らしたい」そう願っています。スッキリした暮らしをするためには、モノを減らせばいい。そんなことも、誰でもわかっていますよね。しかし、そう思って暮らしていながら、モノは減るどころかドンドン増え続ける。いったいどうしたら「増え続けるモノ」たちとうまくつきあっていけるのでしょうか。

「捨てる技術」講座って何？

こうした「モノに対するつきあい方や考え方の交通整理をしましょう」というのが、「捨てる技術」講座なのです。

「捨てる技術」講座開催の募集は、このようなチラシやホームページなどで行われています。お近くで開催の時はぜひご参加ください。

「何でも捨てろって言うの？」「今の時代ECOが叫ばれているのに、捨てたら地球に優しくないじゃない!!」――もしかしたら、そんなことを考えた方もいるのでは？
でも、「捨てる」という言葉がタイトルに入っているからといって、「捨てる＝ゴミにする」ことを学ぶのではありません。

どんな内容を学ぶの？

では、どんな内容を学ぶのでしょうか？

(1)「なぜ捨てることが大切なのか」

まずは「なぜ捨てることが大切なのか」を学んでもらいます。
「捨てたいけれど捨てられないモノは何？」と一度考えてみてください。あなたは何を考えましたか。参加者に尋ねると多種多様な答えが出てきました。
三重講座では、殿方も参加していたためか、少し控えめに服・本・CD・旅の思い出の品から始まり、自分の趣味とは違う友人にもらったモノ・チャイルドシートが入っていたダンボール・可愛い空き缶や空き箱なんてモノも……。
福井講座は、まずはどこでも出てくる本・服。次には、年配の方が多いため 着物・長年溜まった食器・台所用品。痩せたらたぶん着る服・お客さんは来ないのにある客用布団……。
よっぽど気になっていたのか、今まで捨てられなかったモノに対する思いがどんどん

三重講座の様子です。参加者は、女性ばかりではありません。殿方も参加されています。
いろいろな人と、モノとのつきあい方を考える。なかなかない機会と思いませんか。

溢れ、区切りを付けないとず～っと話したい方もいらっしゃるほどでした。年齢、性別関係なくモノを捨てられず悩んでいらっしゃる方は多いのです。
モノは、私たちの暮らしの中でどのように動き、暮らしの中から出てゆくのでしょう。このパートでモノの動き方を改めて考えてもらい、捨てるという行為がどうして必要で、なぜ捨てればスッキリするのか考えてもらいます。本来､捨てるという行為が持っているポジティブな一面を再認識してもらいます。
福井のお母様たちは「捨てないとパンパンになっちゃうねぇ～」って大きく頷いていました。

(2)「捨てるための考え方 10 か条＋ 1」

捨てることの必要性を学んだあとは、捨て始めるための考え方を 10 か条＋ 1 にわたって説明します。
不要なモノを捨てるため、あなたの考え方はどうだったのか考えの交通整理です。参加者の皆さんは、暮らしの中でよくやってしまいがちなことを「そうそう､聖域あるわ」「もったいないってすぐ思っちゃう」と言いながら再認識していました。
モノの要・不要を見直し、これまでの考え方を少し変える。たったこれだけで、モノに対する呪縛がなくなり、不要なモノを捨てる事が出来るかもしれません。10 か条すべて行うのではなく、自分に合ったものを暮らしの中に取り入れてください。

少人数の講座ばかりではありません。福井では 100 名近くの方が参加されました。皆さん、真剣な表情で聞いてくださいました。

(3)「捨てるためのテクニック 10 か条」

いよいよ実践編。自分に不要なモノたちを、どうしたら「捨てる」ことが出来るのでしょうか。その具体的なテクニックを 10 か条にわたり説明します。これも「捨てるための考え方 10 か条＋ 1」と同様に、紹介された考え方を全て行うのではなく、自分に合った考え方を暮らしの中に取り入れてください。このパートの終わりには、捨てられないと言って悩んでいた方も表情が変わり「捨てる」スイッチが入ったようです。暮らしの中で習慣化してくださいね。

どんな内容を学ぶの？

このような内容で、不要なモノを「捨てる」事により、暮らしも気持ちもスッキリすることを学んでもらいます。

ここまで読まれた方は「じゃぁ、参加してどうなるの？」と思われたのでは……！

そう思われた方は、ぜひ全国各地で行われる「捨てる技術」講座に参加なさってください。モノとのつきあい方がどう変わったか、余分なモノがなくせるようになったのか。ご自分の暮らしがどう変わるかをぜひ確かめてください。そして、綺麗な部屋でスッキリとした素敵な暮らしを手に入れてくださいね。もしかしたら、今までと暮らし方が 180 度変わるかもしれませんよ！

家事塾の講座レポート

みんなの心も顔も明るくなる「家のモノ」ワークショップ

家事セラピストと考える暮らしのスッキリ講座　松本照美 1

開講まで

県の女性活躍支援センターのキャリアカウンセリングで講座開講の希望を相談。同センターで実施できるミニ講座（体験講座）へのチャレンジとなりました。
センターでは受講者の募集（チラシ・メルマガ）、受付などをフォローしていただきました。

開講概要

日時：2011 年 3 月 6 日（日）10:00-12:00 ／参加：23 名
主催：ふくい女性活躍支援センター
会場：福井県生活学習館「ユー・アイふくい」

内向的なはずの福井県人が大盛り上がり！

家事セラピスト資格取得後、初めての講座は福井県の女性活躍支援センターを活用して開催しました。
募集がかけられてから数日おきに受付の人数の連絡が入ります。嬉しいことに「定員オーバーになりましたが、申し込みが来ています。受け付けますか？」との確認をいただき「すっきりしたい！」という気持ちは地域性が無いと確信しました。
いよいよ講座当日。
最初、受講生の皆さんは緊張されている様子でした。ところがワークショップで気になる場所を話し出すと、どのテーブルも「同じーー！」「そうそう！」と大盛り上がりです。実は福井県人は内向的だから自宅の話しをしてくれるか、担当の職員さんが心配していましたが嬉しい誤算となりました。
「私ってなんで片づけが下手なんだろう」と下向きだった気持ちが「みんな同じことで悩んでいる！」と分かった時に心も顔も明るくなるのは、講座ならではの雰囲気だと思います。

家族はモノの定位置を分かっているはず？

講座中、あるグループが発表した暮らしの中の問題点として「定位置があるのに戻さない」ということがありました。共感のうなずきが各テーブルでおこります。

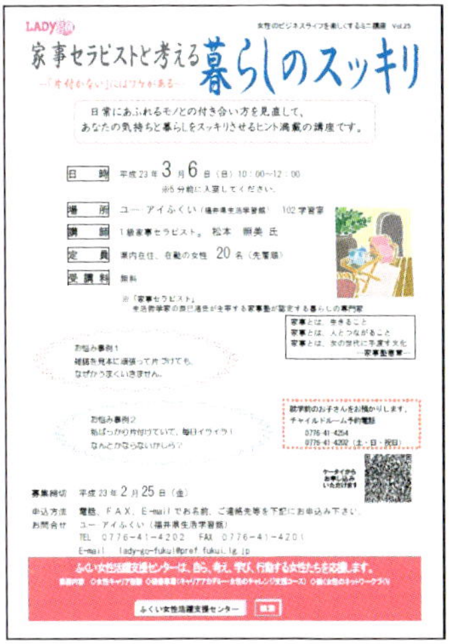

「女性のビジネスライフを楽しくするミニ講座」のうちの１回として開催しました。

いよいよ初講座！お互い緊張しています。

ワークショップで気づいたことをどんどん書き込んでいます。

そこで質問。
「その定位置はどなたが決めましたか？」
メンバーの皆さん「私」
再び質問「家族に定位置を伝えてありますか？」
メンバーの皆さん「えっ?!」
――「定位置」としている場所から取っていくのだから分かっているはず、という思い込みを持っていたことに、会場みんなで気づいた瞬間です。

「先生、片づけしましたよ～！」

家事セラピストは暮らしの具体的なアドバイスはしません。皆さんがご自身の暮らしについて考えるきっかけを提供するのが仕ことだと考えています。
講座では、一人で抱えていたもやもやを客観的に見て分析します。家の中をスッキリする前に頭の中をスッキリさせると、ヤル気が出てくるから不思議です。
講座終了後、受講生の方の話は尽きません。おしゃべりしながら退出されていく姿を見ながら、楽しい時間を過ごしていただけて私も嬉しくなりました。
後日、偶然受講された方に会いしました。「先生、片づけしましたよ～！」と笑顔で教えていただき、一緒に拍手をして喜びました。
今回の講座をきっかけに次の講座の依頼をいただくことができました。一度の出会いから次へとつながるご縁の有り難さ、不思議さを感じています。日々の暮らしのストレスが少しでも無くなるようお手伝いしていきたいと思います。

「わかっているけど、できない」人のために家事セラピーがある

辰巳渚

家事セラピストは、暮らしのプロフェッショナルです。それも、暮らしを、モノとコトという切り口から捉える専門的な視点を身につけた人たちです。
家事塾では、目に見えない価値観は、目に見える物やコトに表れている、と考えています。目に見える、そして他の誰のでもない『私』が現に今持っている物、しているコトに、すでに「私がどう暮らしたいか」「私はどう生きたいか」「私にとって何が幸せか」が表れているのだ、と。
この視点とそのための手法は、ちょっと自慢めくけれど、家事塾しかもっていないものです。辰巳が、長年マーケティング業界で市場分析と商品開発に携わり、数千人単位での消費者の生の声と生活を見てきて、さらに暮らしに関する本を書き多くの読者の相談にのってきた経験から作りあげた、ほんとうに「暮らし」を見極める方法論なのです。
家事セラピストは、自分も自分自身の暮らしに取り組むひとりの生活者としてこのような視点と手法を身につけ、それらに基づく「家事セラピー」を提供しています。

「家事セラピー」は何をするのか

「家事セラピー」は、もちろん、まだ多くの人に知られているわけではありません。たった1年ほど前に作りあげた手法なのだから、ピカピカの最新鋭機器と思ってください。
はじめて聞いた方の多くは、「なんとなくわかるけど、結局、何をするの？」「セラピーというと自己治療じゃないんですか。自分自身ではなく、家事セラピストが何かをするの？」といった質問を返してきます。

新しい手法であるうえに、「暮らし」という誰にとっても身近なジャンルなので、なおさらピンとくるようなこないような……といった微妙な感じになるようです。
家事セラピーでは、家の新築工事そのもの、家を片づける作業そのものが目的ではありません。家を建てる人、部屋を片づける人が、「そうそう、私はこうしたかったんだ！」と自分を発見すること。クライアント（お客さま）に寄り添って、クライアントが自分一人ではたどりつけなかった「これがいいんだ！」という「納得」や「満足」を得ること。それが、目的です。
たとえばキッチンひとつにしても、いまの時代は、いろいろなタイプのキッチンがあり、なんでも選べる。どのキッチンも、それぞれ素敵で、使いやすくできています。だからこそ、どれがほんとうに「私のキッチン」なのか、わからなくなってしまう。
そのときに、「このキッチンはこのへんがいいところで、あのキッチンはこうで」といくら説明されても、ますますわからなくなるだけです。それよりも、「私はキッチンで何をしたいのだろう」とじっくり考えて、そのしたいことをかなえるキッチンを作るか探すかするほうがいい。
片づけにしても、誰が見てもごちゃごちゃしている部屋は、片づけたほうがいいことはわかっている。でも、捨てればすっきりすることが目に見えている洋服の山が捨てられないから、クライアントは片づけられないのです。その人に「捨てなさい」といくら言い聞かせても、捨てられるようにはなりません。「私はなぜ捨てられないのだろう」から考えはじめるしかない。
目の前にある解決に飛びつかず、回り道にみえてもじっくり「私はどうしたいんだろう」に取り組むと、その先には大きな納得や満足が確実に待っているものです。

「わかっているけど、できない」からスタートする

家事セラピーが有効なのは、現代だからです。
キッチンひとつがいろいろ選べるくらいに、豊かな選択肢がある。そして、雑誌や広告を見れば「家族で過ごす素敵なキッチン」といった情報もたくさんあり、調べるのも簡単で、その選択肢を誰もがちゃんと知っている。
私たちは、豊かなモノと情報に囲まれている。一昔前だったら一生に 1 回の買物だった海外旅行も一眼レフカメラも、誰でも何度かは買った経験がある。家だって、「一生の夢」とは言わなくなりました。
だからこそ、「私はどうしたらいいの？」と苦しい。「暮らしを大切にしたい」「自分らしく暮らしたい」と思えば思うほど、「それは、じゃあ、どういうものなんだろう」とわからなくなってしまいます。「素敵な暮らし」の知識もイメージもあるのに、いざ自分で素敵な暮らしをやってみようとすると、「わかっているのに、できない」のです。
この、「わかっているのに、できない」が、いまという時代に生きる私たち共通の苦しさ、もどかしさなのだと思います。わかっていることのすべてができれば苦労はないわけですが、わかっていることが多すぎると、かえってわからなくなるのが不思議ですね。
家事セラピストは、ここからスタートして、クライアントの「できた！」「できるようになった！」まで寄り添う仕事なのです。

Part 3 家事セラピスト NEWS

全国11会場で一斉開催！

子どもは楽しい、大人もうれしい「親子お手伝い塾」は笑顔がいっぱい

2011 春休み　親子で学ぶ 子どもお手伝い塾

「お手伝い塾」とは？

お手伝い塾は、家事塾発足のときから開催しているもので、家事塾の理念をもっともよく伝える核となる講座の一つです。子どもはお手伝いの楽しさを体験。大人は家事の意義を発見。また、「うちの子、こんなにできるんだ」「お母さん、いつもありがとう」と家族の絆を深める機会になることもしばしば。今回、春休みに全国で一斉開催し、家事セラピストたちが講師を務めました。

開催概要

期間：2011 年 3 月 26 日～ 4 月 4 日

主催：家事塾／協賛：住友林業株式会社、株式会社明治書院、株式会社ライフラボ

札幌会場（住友林業　札幌南展示場）

日時：2011 年 4 月 1 日（金）13:00 -

講師：笹島加奈美 1

参加：5 組（子ども 6 名、年中～小 3）

「お手伝いを嫌だと思ったことはない」という頼もしい意見も。させられるのではなく、やりたい気持ちの子どもたちに、親が気づく時間となりました。（笹島）

茅ヶ崎会場（茅ヶ崎館）

日時：2011 年 3 月 26 日（土）13:30 -
27 日（日）11:30 -

講師：辰巳渚

参加：4 組（子ども 5 名、年少～小 5）

チームワークよく家事実習をしたあとのワークショップでは、実感のこもった「生」の言葉が、次々と出てくる。（家事塾スタッフ・羽場）

名古屋会場（住友林業　神宮東展示場）

日時：2011 年 4 月 1 日（金）13:00 -
講師：粂井優子 ①、三浦陽子 ①
参加：5 組（子ども 7 名、3 歳～ 11 歳）

かわいた雑巾で絞り方を練習。実践！　バケツの水の適量は？　水をまわりにこぼさないようにするには？　いろいろ考えながら楽しそうでした。（三浦）

福井会場（住友林業　福井家の森展示場）

日時：2011 年 3 月 31 日（木）13:00 -
講師：松本照美 ①
参加：2 組（子ども 5 名、5 歳～ 11 歳）

写真は雑巾のしぼり方を説明しているところです。みんなで手や体、頭を働かせてお掃除を楽しみました。（松本）

三重会場（ソラマドの家　桑名）

日時：2011 年 3 月 29 日（火）10:00 -
講師：服部実雪 ②
参加：5 組（子ども 9 名、1 歳～小 6）

小さい子（2 歳・年中さん）グループの雑巾がけ風景。少し体調がすぐれなかった 2 歳のお子様は、皆の楽しそうな様子を見て途中から参加してくれました。（服部）

全国11会場で一斉開催！

大阪会場（住友林業　千里第三展示場）

日時：2011年4月1日（金）13:00-
講師：遠藤律子 2、海老谷千代子 2
参加：7組（子ども11名、年中～小6）

「まず、掃いてみましょう」の声でキョトンとする子どもたち。どう持って、どう掃くの？　キョロキョロしながら掃いてみる。大丈夫かな？　心の声が聞こえます。（海老谷）

加古川会場（檜の家「暖」モデルハウス）

日時：2011年4月1日（金）13:00-
講師：田島寛子 1、三宅沙織 2
参加：3組（子ども6名、1歳～4歳）

雑巾掛けの説明中はお母さんの膝から離れなかった子どもも、実践が始まると元気よくお手伝いしてくれました。（三宅）／「うちの子が雑巾絞れるとは知らなかった!!」と、驚くお母さん。子どもの成長姿に感心していました。（田島）

香川会場（ソラマドの家　宇多津モデルハウス）

日時：2011年4月1日（金）10:00-
講師：福田麻未 1、山内隆司 2
参加：3組（子ども5名、1歳～9歳）

青空の下、ソラマドデッキをみんなで「よ～いどん!!」。身体を動かすお手伝いは笑顔と笑い声が溢れてました。（福田）

徳島会場（住友林業　松茂展示場）

日時：2011年4月1日（金）10:00 -
講師：山田しのぶ ②
参加：5組（子ども11名、幼児～小5）

「見たことあるけど使ったことない～」との声。説明は後にしてまずはやってみました。ぱたぱたとリズミカルに楽しそう。子どもは体を使うのが心地いいんですね。（山田）

福岡会場（住友林業　大野城展示場）

日時：2011年4月4日（月）13:00 -
講師：淀川洋子 ①
参加：8組（子ども13名、2歳～11歳）

ワークと掃除が終わり、親子でこれからお家でやっていくお掃除の計画表を、子どもたちが中心になって作成しているところです。子どもたちの素晴らしさを改めて感じた時間でした。（淀川）

大分会場（住友林業 大分TOS展示場）

日時：2011年3月31日（木）10:00 -
講師：浦松真由美 ①
参加：6組（子ども10名、幼児～年長）

講座の締めくくりは参加者による行動計画の発表です。お母さんとよく話し合って決めたお手伝いの計画はそれぞれに個性にあふれていました。（浦松）

子どもお手伝い塾レポート

初めてのハタキがけも、雑巾絞りもみんな上手にできました！

大分会場レポート　浦松真由美 1

開催まで

私（浦松）は夫と共に工務店を営んでおり、お家を建てられる方それぞれの家庭に合った、そのご家族にふさわしい生活ができるような家づくりのお手伝いになる「新築家事セラピー」や「片づけセラピー」などを、家事セラピストとしての活動の中心と考えていました。しかし一方で、「お手伝い塾」にも強い関心がありましたので、家事塾の事務局より『全国一斉子どもお手伝い塾』の講師をしませんか？という話をいただき、喜んでお引き受けしました。

開催概要

日時：2011年3月31日（木）10:00 -

会場：住友林業 大分TOS展示場

参加：6組（子ども10名、幼児～年長）

「お手伝いってなんだろう？」

今平成23年3月31日、初めてのお手伝い塾の講師を務める日を迎えました。事前に計画した通りに進行していけるか……と最初は少し緊張しましたが、参加してくれた元気で明るい子どもたちとやりとりをするうちに、その緊張もあっという間にほぐれて、楽しくお手伝い塾を進めていけるようになりました。

まずはワークショップ『お手伝いってなんだろう？』からのスタートです。

子どもチームと大人チームにわかれ、それぞれお手伝い（大人は家事）のいいところといやなところについて話し合いました。

今回の参加者は全員小学校未就学の6歳以下の子どもたちということもあり、お手伝いに対してはっきりとした意見はあまり出てきませんでした。けれども、「洗濯物を上手にたためると、褒めてもらえる」「箸やコップの準備をするのが楽しい」など純粋に親に喜んでもらえることへの喜びや家のコトをする楽しさを感じている様子でした。

ハタキがけからトイレ掃除まで

ワークショップのあとは、いよいよ実習です。

今回行った実習は、❶ハタキ ❷ホウキ ❸雑巾絞り、雑巾がけ ❹トイレ掃除、の4種類です。

大人チームからは「家事には終わりがないのがストレス」「生活のリズムが整い、スッキリする」「" ありがとう " が嬉しい」といった意見が出ました。

「手首のスナップを利かせて、パタパタと埃を落とそうね」。そう言うと、みんなで一斉にパタパタ開始！埃のついていそうな場所を見つけて、上手にハタキをかけていました。

❶ハタキ

子どもたちはハタキかけがずいぶん気にいったようです。最初はハタキの柄の先端が当たって使いこなせない様子でしたが、あっという間に慣れて上手に埃を落とせるようになっていました。

❷ホウキ

普段からホウキを使う家庭は少ないようで、子どもたちもホウキで床を掃くことが珍しいようでした。
ホウキは電気を使わず、気軽に掃除ができるので実はかなり便利な道具です。「朝食のパンを食べた後が散らかるから、ホウキを使ってみようかな？」といった感想もありました。

❸雑巾絞り、雑巾がけ

雑巾絞りは実習の中でも一番難しかったようです。なかなか上手く力を入れられず、水分を絞りだすのに一苦労していました。しかし！固く絞れていない雑巾では雑巾がけになりません。みんなの納得のいく固さになるまで、がんばって絞ってもらいました。

❹トイレ掃除

床掃除の後はトイレ掃除を行いました。便座や便器だけでなく、床や周囲の収納棚もきれいに拭き上げてくれました。

上から下に埃を落としたあとは、ホウキで掃き掃除です。掃除道具の数が足りないので、譲り合って交代しながらの作業となりました。

ホウキでゴミを集めたら、つぎはチリトリの出番です。「これは何の道具かわかるかな!? 使いたい人は手を挙げて!」の呼び掛けに、みんな元気に返事をしてくれました。

「お手伝い計画表」の作成

実習後はみんなで「お手伝い計画表」の作成です。
大人も子どももとても熱心にお手伝いの計画を練っていました。
子どもからは「月曜日と木曜日が燃えるごみの日だから、ゴミだしを手伝おう」とか「金曜日だったら習い事もないから、庭のお掃除をしよう」といった話が出て、具体的に自分や家族のスケジュールを思い出しながら、実際に出来ることをしようとする様子が見受けられました。

子どもたちの「自分で考える力」のために

このお手伝い塾を行うにあたって、「全てを説明してしまうのではなく、子どもたちに考えて答えを出してもらうようにしよう」と決めていました。「掃除道具が人数分には足りないんだけど、どうしたらいいと思う?」「埃を下に落としたら、次はどんな掃除をしたらいいんだろう?」「ちりとりは、どう使ったらゴミをちゃんと集められるかな?」「床掃除、どこから拭き始める?」「トイレはどのあたりが一番汚れやすいだろうか?」などなど、たくさん質問を投げかけましたが、みんな元気よく、的確に答えを出してくれました。

雑巾絞りの経験者はゼロでしたが、みんな見よう見まねで固く絞れるまで何度もチャレンジしていました。子どもたちは次第にコツを掴んでいったようで、上手に素早く絞れるようになっていく様子が見られました。

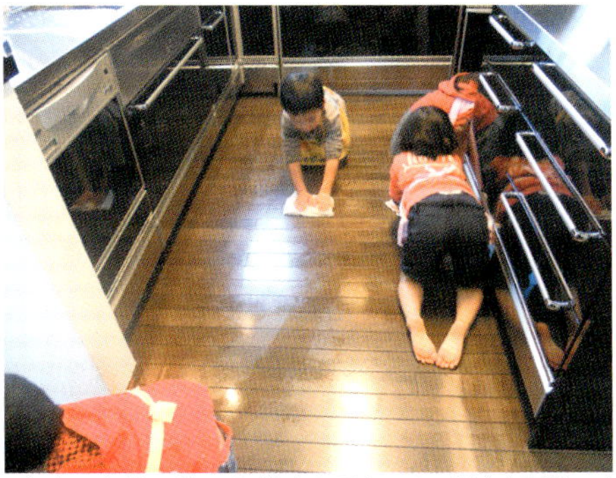

各自、自分で絞った雑巾を手に、いざ拭き掃除へ！体が大人より小さい分、小回りがきき（笑）、気がついたところを隅々までどんどん拭いていきます。

雑巾がけ終了後は、黒く汚れた部分をみんなで見せて、成果を報告し合いました。

人は自分自身が考え、そして自ら答えを導き出すと、そのことに深い納得を得ることができます。ただ他人から指示されるだけではないので、根拠を持って能動的に行動できるようになるのではないかと思います。

今回のお手伝い塾で行った実習は日常生活で繰り返される些細な家事のいくつかではありますが、なぜ必要なのか、なぜこの手順だったのかなど考えてもらい、お手伝いが家の中でごく自然に行われるきっかけになることを願っています。

どんなお手伝いをしていくのか、親子で協議です。子どもは大人が思っているよりもずっと、家のコトに関わりたいと感じているような気がします。お母さんにやりたいことを積極的にアピール。

家族の気持ちが共有できる「お手伝い塾」次回はぜひお父さんも！

香川会場レポート　山内隆司 ②

はじめに

世間の男性は家事にどんなイメージを持っているでしょう？ たいていは「家事＝女性」と思っていると感じます。私も家事セラピスト養成講座受講前は、そのように感じていた一人です。
そんな私が家事セラピストという資格を取得して、初めて講座を担当することになりました。日頃から家事をしていない私の意見や行動が、主婦（家事のプロ）たちに受け入れてもらえるはずもありませんが、親子で「家のコト」を考えるきっかけづくりはお手伝いできたかなと思います。

開催概要

日時：2011年4月1日（金）10:00-
会場：ソラマドの家　宇多津モデルハウス
参加：3組（子ども5名、1歳〜9歳）／講師：福田麻未 ①、山内隆司 ②

第1部「お手伝いってなんだろう」

まず「お手伝い」の良いところ・嫌なところを書き出す作業を各家族ごとに行いました。皆さん親子で相談しながら真剣に取り組みました。
そういえば、このような作業を養成講座でも行いましたが、日頃から家事をほとんどしていなかった私には一苦労でした。今感じることや子どもだった頃の記憶を掘り起こしたりして……。

みんなで議論しながら書き出したことを一つにまとめていくと、大人も子どもも気持ちはいっしょだということに「気づき」があったようです。また他の家族と同じ内容があると、意気投合した感じがありました。
私も手伝いをしたとき、家族が喜んでくれると「うれしい」と思い、した内容にケチをつけられると「せっかくしたのに」と嫌な気持ちになります。この感覚は男女・年齢問わず同じですね。

この子は３姉妹の長女で小学４年生です。普段から料理・洗濯・掃除と家事全般をお手伝いしているそうです。お母さんもすべてを任せているということでした。別のお母さん方も、「この年齢でしっかりしている」とビックリされていました。
ブレイクタイム用のケーキを、とっても上手に切り分けてくれました。

第２部「やってみよう！お手伝い」スタート！

しばし休憩の後、いよいよ実践です。「最初に窓を開けて、上から下の順番に掃除をしましょう」と福田さんが掃除の基本をレクチャー。
この日の掃除は「はたき・ほうき・拭き掃除」ですが、最近では、はたき・ほうきはあまり使わないので大人も興味津々です。皆さん床の掃除は小まめにしても、壁・天井は大掃除ぐらいしかしないということでした。
「はたき」「ほうき」って家にありますか？　我が家には家事塾に出会うまでありませんでした。壁・天井の掃除に「はたき」は威力を発揮してくれます。ぜひ使ってみてください。

実践！「はたき」

子どもたちは、はたきを手に取るとテンションが上がっていました。大人が見本を見せるとその通りにしてくれます。小さい子は集中力が長続きしないので少し経つと飽きてしまうみたい。
小学生ともなると道具の役割・便利さを把握して取り組んでいました。

実践！「ほうき」

「ソラマドの家」モデルハウスは、床は杉材・壁は漆喰と自然素材を多く取り入れていて、このナチュラルな家にはナチュラルな道具がピッタリです。上の子が下の子に使い方を教えている姿が微笑ましいです。

小学生になると、学校でもほうき掃除をしているのでしっかり使いこなしていました。

実践！　床の拭き掃除！

皆一列になって「よーいドン！」の掛け声でスタート！　途中で転んだりしながら楽しくすることができました。汚れた雑巾を見て達成感があったみたいです。

今回参加していただいたご家族です。２時間みっちり講座を行ったので子どもたちはお疲れでした。みんなが楽しく「お手伝い」出来たことが一番良かったです。

最後に、今日のまとめ。

「お手伝い塾」を終えて

私は住宅営業マンとして、お客さまの家づくりに携わってきました。
お客様の新居に伺うと、「この方が使い勝手が良いですよ」と着工前に打ち合わせた通りには使えていないということが、今まで多々ありました。家事をほとんどしていない私がイメージだけで提案していたのですから、そうなって当たり前かもしれません。
「お手伝い塾」のように家族で頭を使い、体を動かすことで、気持ちが共有でき、実際の行動が見えてきます。それを踏まえて打ち合わせをすれば、より深い提案ができるのではないかと感じました。
最近では男性も積極的に家事に参加しています。これからは「家事＝女性」が「家事＝家族」になり、家事が家族のコミュニケーションに大切なものになると思います。
今回の参加者は女性のみでしたが、男性家事セラピストとして、男性（お父さん）も気持ちを共有できる講座を開きたいと思います。

各地で活躍する家事セラピスト

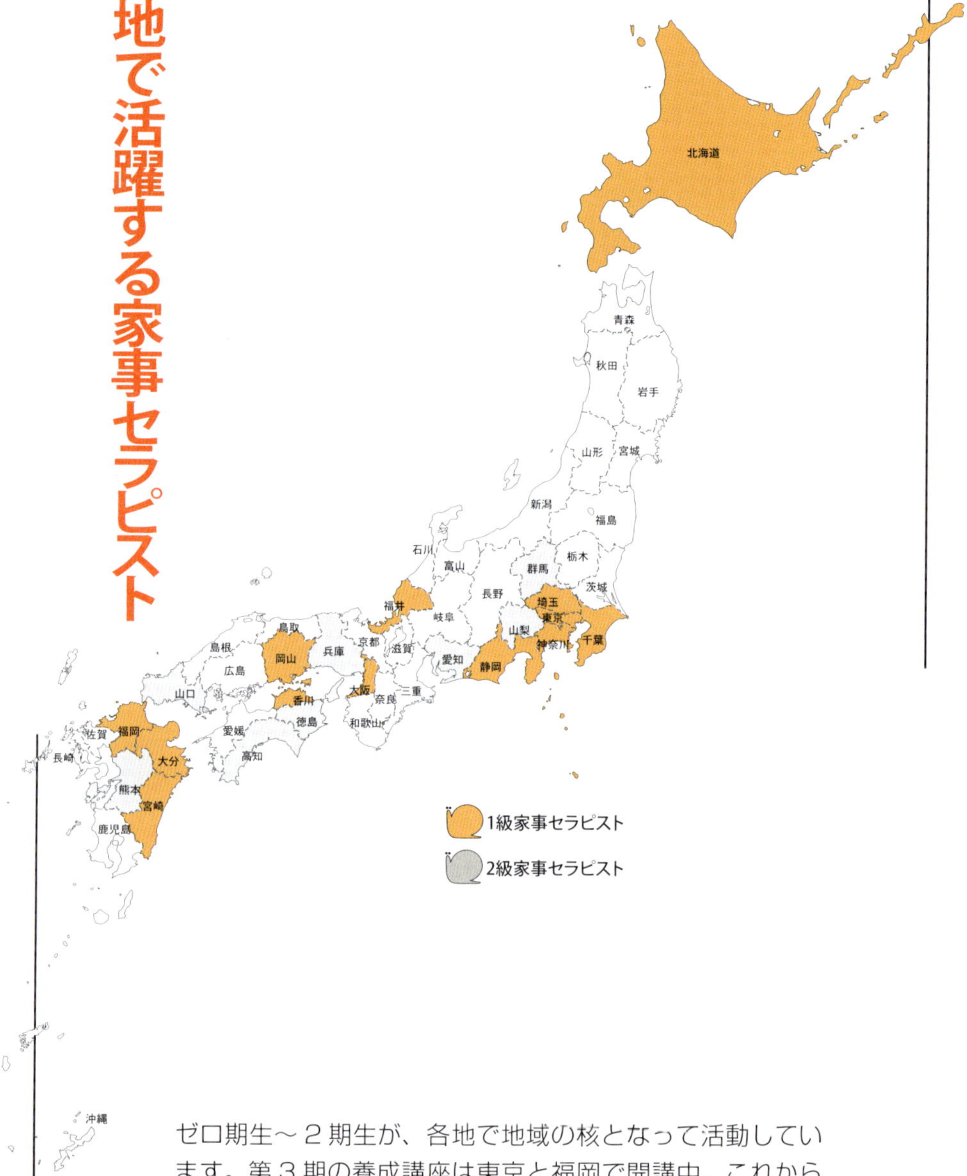

ゼロ期生～２期生が、各地で地域の核となって活動しています。第３期の養成講座は東京と福岡で開講中。これからも活動地域を拡大していきます。

この指とまれ！

～家事セラピスト認定講座 in 福岡～

淀川洋子

１級家事セラピスト０期生として、九州の仲間達と協力し家事塾を九州に広げるお手伝いをさせていただいています。その一環として、ここ九州博多の地で念願の家事セラピスト認定講座が開講いたしました。平成 23 年５月から９月までの５カ月間にわたり合計６回開催されます。17 名の新たな仲間が、家事セラピスト２級の取得を目指して家のことを深掘りしています。
受講者は福岡の方がほとんどだろうと思っていましたが、愛知・鳥取・鹿児島などびっくりするほど遠方からの参加がありました。「暮らし」を真剣に考え、またそれをより良くしたいと思っていることがみなさんから伝わってきました。そんな人と人との出会いが、きっと大きな力になっていくと確信しています。福岡で認定を受けた方がまた別な方に伝えていく繰り返しの中で、遠くない未来に、家事セラピストは確実に認知されていくでしょう。
この指とまれ！　まだまだ繰り返し講座は開講されます。みなさんも家事塾の扉を叩いてみませんか。きっと素敵なビフォー・アフターが待っています。

認定講座初日の様子です。各々が書いた付箋をまとめて表にして各グループごとに説明をしているところです。説明することですっきりすることがあります。またみんな同じようなところで悩んでいることを発見したりします。

「家を出る日のために」小学生版・作成中!

村上有紀 1

家事塾がジュニア世代に伝えたい思いを込めた、ゲームカード「家を出る日のために」（写真）。家事塾の自立教育事業として、デモンストレーション講座やファシリテーション講座の開催も始まりました。そんな中で、教育機関などから使ってみての感想をいただいていますが、一つのテーマから深い議論に展開していく面白さ、楽しさと同時に、テーマによっては「唯一の正解がない」ものもあり、その難しさも感じておられるようです。

さまざまなところで言われていることですが、これからの時代は、多くの価値観や情報の中で、自分なりの答えを探していく必要がある。それには、自分の考えだけでなく、他の人の考えに触れたり、正解と思われるものを疑ってみたりすることが必要でしょう。このカードゲームは、自分なりの「納得解」を導き出す訓練としても有効だと思っています。

現在、小学生版も作成中！です。小学校の校長先生から、一人暮らしという状況を小学生ではリアルに想像できず、実感の伴わない言葉あそびで終わってしまう可能性がある、とのご指摘。それを受けて家事セラピストが再度集まり、カード案を考えました。例えば「自分と入れ替わって子どもになったお母さんが、学校へ行きたくない～！と言っています。どうする？」――大人は笑ってしまう内容ですが、子どもたちは、普段の自分の気持ちを振り返りながら、駄々をこねる子どものお母さんを一生懸命想像するでしょう。「学校へ行く意味は？」なんて尋ねられるよりリアルに考えられそうです。

これは、ぜひ親子や家族でもやって欲しいと思います。いつもは照れくさくてできない「ちょっと真面目な話」を、ゲームを通して楽しくできればいい。そんなふうに思っています。

捨てられない気持ちに寄り添う「シニア講座」計画中

花村 睦 1

現在の家事塾の活動は、30 ～ 40 代の母親世代の家事セラピストが圧倒的に多いので、子育て期の家事やしつけ・お手伝いなどに重点が置かれています。私は 40 代後半で結婚し、夫と二人暮らしの子どもがいない暮らしの中で、両親の介護や老いた母親の片づけを経験してきたので、家事セラピストとして【シニアの暮らしがすっきりする講座】があると良いと考えていました。
今年になってから、辰巳さんから、シニアへの関わりも家事セラピストとしての大切な仕事ではないかというお話があり、ゼロ期生の仲間と勉強会をしながら、少しずつですが、シニア講座を計画しているところです。
ゼロ期生の話し合いの中で、娘の立場から、両親の世代はモノを持つことに意味があって【捨てる】ことができないという話になりました。捨てられない気持ちを説得するのでなく、家事セラピストがその気持ちに沿いながら、すっきりと暮らすことや暮らしが循環していくことの快適さを伝え、片づけを実践するというシニア向けの片づけセラピーができるのでは、と思います。
また、シニア世代は年齢層の幅が広く生活形態もさまざまです。祖父母と孫のための家事塾、夫婦二人のための家事塾、そしてシニアシングルの家事塾など、参加しやすい体験講座をこれから計画していく予定です。経験豊富なシニアの皆さんと一緒に、シニア版【捨てる技術講座】や【片づけ講座】を開くことができれば、さぞかし話題満載で楽しいのではないかと思います。
家事セラピスト講座には年齢制限はないので、シニア世代が家事セラピスト講座に参加して下さることも大歓迎です。ぜひご参加ください。
これからも続けてシニア講座の活動報告ができるように、私たち自身も一歩ずつ進んでいきたいと思います。今後とも、よろしくお願いいたします。

伝える技術の、その先へ
～東京 1級講座受講報告～

宇都宮紘子 1

今期の１級講座は、昨年の第１期２級受講生（田町・用賀）がほぼ全員集合で始まりました。１級は人に伝える技術を磨く、実習形式がメイン。あんなに深く考えたはずの〈暮らしの環〉が、言葉にならない。「なぜ子どもは家事ではなくお手伝いなのか」という素朴な質問に、答えられない。たった５分説明するのに、頭が真っ白になってしまう。私には無理！何度そう思ったか。しかし回を追うごとに、不安は楽しみに変わりました。自らの経験と価値観を全部投入して、自分にしか伝えられない思いを、自分だから言える言葉で語る。または聴く。いつのまにか、あの人はどう表現するんだろう、この人らしくて似合っているなどと、お互いの個性の豊かさに目覚めたのだと思います。人の数だけ家事があり、正解などどこにもないと再認識したのもこの場でした。一人では決してたどり着けなかったと思うと、仲間に感謝です。まだ本格始動には至らない２期生ですが、今後の活躍をご期待ください！

チームに分かれてブレインストーミング中。食器洗いという家事をテーマに、各家庭の実情を集め、キーワードを洗い出す。道具で家事を決めるのか、家事道具を選ぶのか、食器洗い乾燥機をめぐって議論が白熱。

2期生ピックアップ
（大阪講座）

家事のプラス効果を楽しもう

海老谷千代子 2

家事塾との出会いは「家のコトは生きるコト」にビビっときて、2009年初めに辰巳さんに「子どもの成長とお手伝い」の講演会をお願いしたことがご縁です。

その冒頭「子育てに終わりはあります。いつまでだと思いますか？」と聞かれ、会場全体が「え？」となりました。講演の対象者は小学生の保護者で、まだまだ子育てにバタついている日々……。子育ての終わりなんて考えたこともなく、ほとんどの方が今日学校から帰った子どもにお手伝いをさせる妙案を聞き出せたらと意気込んでいたのですから、無理もありません。それ以来、私の子育ての目標は「家を出る日までに一人前に仕込むこと」になり、目先のことにとらわれずに、長い目で子どもの成長を楽しむ考え方に変わりました。

私は長い間「家事は割に合わない」とマイナスイメージを持っていました。家事セラピスト2級講座を受講して、「家族と一緒に家事をすると楽しい」「家が家族の協力で片づくと家族みんなの気持ちがスッキリする」といった家族にとってのプラス効果が「家事」自体にあるということに気づきました。

「家事」をできればしたくないことと考えずに、子どもを一人前にするスキルあるいは、家族の絆を感じられるツールとして活用すれば、誰もが「日々の生活の営みを疎かにすることなく、豊かに暮らしていくことこそ、生きること」と感じられるようになると思います。2級講座は、家のコト・家族のコト・自分のコトを見直すよい機会になりました。

家のコトを通じて人を知る楽しさ

宮田美穂 2

インテリアは自分の好みで統一しているし、物もそんなに多くはない。なのに、どこかスッキリしないのは何故だろう？　部屋を見渡すたびに漠然とした不満を感じていた私は、もしかすると、それは自分自身の生き方がスッキリとしていないからでは？と思うようになりました。だとしたら、それをなんとかしたい！　これが、私の受講理由でした。
そして、期待通り、講座でのワークショップや毎回出される課題に取り組むことで、否応なしに自分と向き合い、改めて考え抜く機会となりました。家の中のモノやコトを通して本当の自分を知るのはとても興味深く、楽しい体験でした。
さらに素敵なおまけまで付いていました。それは、個性豊かなメンバーとの出会い。自分とは全然違う考え方や暮らし方をする受講生たちの話を聞いていると、「人って本当に面白い！」と再認識しました。10人いれば10通りの暮らしがある。そして、人を理解しようとする時、家のモノとコトはとても雄弁な手がかりとなるのだと知りました。
〈家事＝家のコト〉を手がかりとして、人が自分を再発見したり、暮らしを整えたりするお手伝いをする。「家事セラピストって何をするの？」と人に聞かれては困っていた私ですが、今ならそう説明します。そして、私もいつかそういう人になることを目指して、勉強を重ねたいと思っています。

2期生ピックアップ
（藤沢講座）

過去の家事、未来の家事

柳里枝 2

講座を受ける前、私は家事セラピストというのは、家事のノウハウや収納のテクニックを伝授してもらえるというような、勝手な想像をして臨んでいたような気がします。
始まってまずそれは大きな間違いだったことに気づきます。
家事セラピストというのは、もっと精神的な深いところにポイントがありました。
一方的なアドバイスの提供ではなく、十人十色という言葉もあるように、それぞれの考えを尊重し、共に考え共感しあって目的を達成していく。
そんな姿勢を忘れないようにしようというのが、この講座を通してとても感じたことでした。
日々の暮らしの中で、ものが循環しているかどうかが、家事を見直す上で大きな指標であるという辰巳さんのお考えは、
「これまでの人生、果たして自分の家事はどうだったのか？」
「これからの人生、自分の家事をどうしていきたいのか？」
――永遠に続く家事という大きな仕事について見つめなおすきっかけとなりました。
私にとってとても貴重な出来事であったと思っています。
今後はみなさんと未来の家事を一緒に考えて、家事セラピストとしてお役に立てたらいいなと思っています。

2期生ピックアップ
（品川講座）

「家のスッキリ＝心のスッキリ」で心地よい暮らしを実現していきたい

石川真智 2

私が家事セラピスト養成講座を受講しようと思ったのは、「片づけ・収納をライフワークとするために、軸となるものを学びたい」と思ったからです。なぜ「片づけ・収納」なのかというと、「家がスッキリしていることで、頭や心もスッキリする。家がスッキリしていることで気持ちが安定し、仕事等へも前向きに取り組むことができる」ということを、日々激務に追われる生活をしている時に身をもって経験・実感したことがきっかけでした。
養成講座で特に深く納得したことは「暮らしの環」の考え方です。また、明文化・視覚化されたものに触れたことで、今まで「なんとなく」だった部分が「確実なもの」となり、「モノに振り回されない暮らしはどうすれば実現するか」を理解することができました。そして、家事全体について学んだことで、目先の手法だけでなく「暮らし全体を見た上でどうするかを考える」という視点が身についたことは、とても有意義だったと思っています。
これからは、私自身の実体験でもある「心地よい環境で暮らすためのスキル」と「そのことがもたらす心へのメリット」、この２つをお伝えして、その先にある「心地よい暮らし」を実現するお手伝いができるようになりたいと思っています。
そのために、家事セラピストとしてのスキルアップを常に行って、早く独り立ちができるようになりたいですね。

片づけない私自身の「家事」が腑に落ちた（……かもしれない）

磯村一司 2

「家事」とは何か？　「家事」のことが少しわかれば、「片づけない」「家事をしない」自分にも、主婦の気持ちが少し理解できるのではないか、家庭円満のためと、参加した講座でした。
「片づけない」私にとって、講義で「片づけ」の構造を学ぶのは意義深いことだったのですが、最も興味深かったのは、ワークショップやディスカッションを通して「家事」を考えることが、「自分自身の家事」、さらには「自分自身」というものを探し、納得すること、腑に落とすこと、のように思えたことです。そしてそれは、ひとつの家庭内で完結することではなくて、地域、社会、ひいてはこの国の歴史や文化とも関わる「生きること」につながる最も日常的で基本的な所作、作業、意識、を育てるものであることを、「家事」というものを俯瞰することから学べたように思っています。
主婦の気持ちがわかったかどうかは、あやしいのですが、自分が家事に関わる意義はつかめたように思っています。
だが、はたして、ほんとに腑に落ちたのか……。これからの自身の行動で試されるのでしょうが、「片づけない」自分も一つの認識結果ではないか、などと勝手に思っていたりしていますが、いかがなものでしょうか。

全国の家事セラピスト紹介

家事セラピスト資格　主な活動内容

1 =1級　セ =家事セラピー
2 =2級　講 =片づけ塾など講師

2011年7月現在、養成講座を修了して認定試験に合格した50人以上（1級・2級合計）の家事セラピストが、各地で活動中です。今後も家事セラピストの増加にともない、サービス地域を拡大、内容も充実させていきます。

家事塾専任講師　家事塾へのご依頼に応じて派遣する家事セラピストです

1 粂井優子（東京都）―― セ 講

目黒区在住。3人の子どもに幼いころからお手伝いをたくさんさせて育てました。受験の朝にも掃除をしていった子どもは、いま友だち皆の相談相手だそうです。インドネシア日本大使館に外交官として勤務する夫とジャカルタに赴任、帰国後はパールジュエリーのデザインも手掛けています。でも、剣道二段の肉体派です！

1 三浦陽子（神奈川県）―― セ 講

前職は航空会社勤務。20代のころ、パッケージ旅行の企画の仕事をしていた関係で、シドニーに3年間在住。現地では、いろいろな人種とシェアして住む経験をしていました。休日はほとんど海で過ごし、毎週ダイビングをしていた自然児でもあります。仕事で得た経験と、2児の母として得た経験を生かして、家事塾の仕事でみなさんのお役に立ちたいです。

1 村上有紀（東京都）―― セ 講

住宅設計に携わる中で実感したことは「ハードの前のソフト設計こそが大切」ということ。家事セラピストは、ソフト(暮らし)設計に特化した、家づくりパートナーです。ハードの知識もふまえつつ、家づくりをする人自らが「納得解」を見つけられるよう、お手伝いしていきます。モットーは「いい塩梅で！」です。　http://www.suma-soda.net/

1 淀川洋子（福岡県）―― セ 講

住宅会社・総務に在籍。約30年間、新しい住宅が出来上がるのを側面から支援。もっとお客さまと係わりたい…そんな思いのなか「家事塾」と出会いました。そして家事セラピストの資格を取得。専業主婦から共働き・子育てなど、家事歴33年。いろいろな経験をもとにお客様の「困った」を一緒に解決できればと思っています。　http://h19580520.blog62.fc2.com/

1 笹島加奈美（札幌市）―― セ 講

札幌市在住、4人の娘の母です。現在、片づけセラピーやお片づけ塾の講師・地元紙で子育てのコラムも担当しています。「暮らしはら・し・く」をモットーに、雑誌やカタログの素敵な生活に憧れるのではなく、自分の本当の暮らし方を見つけるためのサポートができればと思っています。怒涛の子育て経験を生かしＨＰで相談にのっています。お気軽にどうぞ。　http://hotaru99.com/

1 陶山裕子（東京都）―― セ 講

自分の家事を見直したいとの思いから家事セラピスト講座を受講。家の中が整い、生活が気持ちよく循環するようになりました。「片づける場所を自分で決めたから、きれいにするのが気持ちよくて、楽しい！」との娘の言葉に一番感動しました。その楽しさを「お手伝い塾」「お片づけ塾」を通じて、多くのお子さんにお伝えしたいです。

1 松本照美（福井県）――― セ 講

家業のガラス屋を手伝いながら、地元の家庭教育支援活動をしています。親からの暮らしが現代につながらない事に危機感を覚え、家事セラピスト資格を取得しました。「どう暮らすか、どんな子育てがいいのか」と迷いながら過ごしている現代。「片づけ塾」や「お手伝い塾」の講座を通して、受講された方が暮らしに自信を持つお手伝いをしたいと思います。

1 高橋ゆり（埼玉県）――― セ 講

小・中学生の保護者向け講座に関わりながら、「家のコトは生きるコト」を伝える大切さを日々強く実感しています。「家事に満足する」ってダイエットと似ていませんか？情報もやり方もよく知っている、一人で実践…だけど満足できない。私たち家事セラピストの役割はスポーツジムのインストラクターといったところです。みなさんがご自分の家事に満足できるように、ごいっしょしたいと思います。

1 元林一二美（大阪府）――― セ 講

毎日の暮らしに欠かせない家事の持つ意味をご一緒に考えたいと思います。主婦暦30年、3人の子育てを通して得た我が家の暮らし方も参考に、自分が気持ちよく暮らすためにはどうしたいのか、ご一緒に探していきましょう。お片づけ部隊としても駆けつけます。

1 花村睦（東京都）――― セ 講

40代後半で結婚。「気ままな一人暮らし」から「夫との二人暮らし」に変わりました。今回、家事セラピストとして、「自分の人生に新しい変化を生み出したい」と望む方にたくさん出会いたいなぁ〜…と思っています。また、ヨガ・インストラクターとしても、「身体をほぐし心をゆるめる」生き方や暮らし方をサポートしています。　http://pavicrystalclear.cocolog-nifty.com/blog/

2 渡辺久仁子（埼玉県）――― 講

私自身、家事やお片づけが思うようにできなくて、沢山のモノに囲まれた生活をしていました。でも家事セラピスト資格を取得して、モノと向かい合うという事で自分を見つめなおす事になり、居心地のよい空間もできてきました。その経験を活かして、皆さんのお片づけや家事力アップのお手伝いをします。　http://ameblo.jp/chipude/

1 今泉恵美子（東京都）――― セ 講

東京都在住、2児の母。日々「心の状態は部屋に現われる」ことを実感。その人の価値観が現われた家の中の「モノ」に向き合うことで、自分らしい暮らし方が見えてきます。「当たり前」「変えられない」と思っていた生活も、客観的な分析をしてみると……理由がわかる!!　私自身が体験した、そんな驚きと感動を皆様にもお届けしたいと思っています。

1 植田尚美（東京都）――― セ 講

東京世田谷区在住。高3の女の子と小5の男の子、夫との4人暮らしの主婦です。結婚生活20年ですが、家事塾と出会い、「家事って楽しい！」と思えるようになりました。このしあわせを皆様にもお伝えできたら、と思います。大学では社会福祉を学び、今後は福祉の分野で家事塾として何が出来るか、を考えていきたいと思います。

2 篠崎幸子（群馬県）――― 講

長い間片づけが苦手な私でした。たくさんの本を買い、片づけてみましたが元に戻ってしまい、私には無理とあきらめていましたが……家事塾の講座を受けて、今は片づけることが楽しくなりました。この楽しさを皆さんに伝えたくて資格をとりました。片づけが苦手、すっきり暮らしたいと思っている人と、リバウンドしない自分流の片づけを一緒に探してみたいと思っています。

1 宇都宮紘子（東京都）　セ　講

２回の育休を取り、広報として企業で働く傍ら、活動しています。共働きで家族を家事に巻き込む方法を模索するうちに、資格取得に至りました。目指すのは、妻や母だけががんばらない、みんなが自然に手を動かす暮らし。特に結婚・出産は生活を見直すチャンスです。パートナーと、より心地よいワークライフバランスを探るお手伝いをいたします。

http://www.facebook.com/profile.php?id=100002406611086

1 いのうえちえ（静岡県）　セ　講

思うように家事が捗らない！　片づかない！　子どもが生まれ、悩みました。今は、何か特別なことをしているわけではありませんが、暮らしは楽しく、楽に、豊かになりました。すぐに出来る普通のことをしているだけです。もっと暮らしを充実させたい！と思う時が、皆さんにもあると思います。一緒に日々の暮らしを整え、その思いを叶えましょう。　http://www3.ocn.ne.jp/~ienokoto/

2 くらちのりこ（神奈川県）　講

現役子育て中、男児２人の母。幼少の頃より、自分自身が片づけに悩み、片づけに嘆き、片づけに翻弄されていました。こんな私が！家事セラピストになれました。本当に苦手だったからこそ分かち合えるモノがあると信じています。いっしょに片づけの気持よさをシェアで出来ることを楽しみにしています。前職は、飲食業、ウェブデザイン、ＳＥ補助等。　http://kurasistant.com/

1 平子佳美（神奈川県）

ハウスメーカーで企画業務に従事しております。今の時代「家」を建てるだけでなく、そこで豊かに暮らす為の「暮らし方提案」を発信し続けることが重要な役目だと感じ、家事セラピストの資格を取得いたしました。「家事」には家族との絆を深める「力」があると信じております。そんな「家事」の在り方を広めていきたいと考えています。　http://sfc.jp/ie/

1 梶　薫（東京都）　セ　講

〈今いる場所でより快適に〉これが私のキーワードです。「引越して大きい家に住み替えれば全てが片づいて快適に暮らせる……」とは誰もが考えることですが、遠くの夢を見るより、近くの行動が大切！ということを身をもって感じています。今の暮らしをより快適にしたい方のお手伝いをしたいと考えています。

1 天田理枝（東京都）　セ　講

生き方、暮らし方は十人十色。「その人らしい暮らし方を考え、見つけ、実践する助け」が、私の考える家事セラピストです。実生活では、子育てのために学んでいるコーチングを生かしながら、「暮らしの環」を回す生活を心掛けています。理解ある夫、片づけ上手な娘と都内在住。

http://ameblo.jp/kajithera/

1 福田麻未（岡山県）　セ　講

日々の暮らしは生きることそのもの。その暮らしを楽しくするお手伝いをしたいと思い、家事セラピストの資格を取得しました。暮らしは十人十色。こうじゃなきゃダメだ、なんて答えはどこにもありません。建築士として働く私もまた、自分の暮らしに日々取り組んでいます。"自分らしい暮らし"を一緒に考え、見つけていきましょう!!　http://www.soramado.com/

2 谷弘二（香川県・岡山県）　講

センコーホーム岡山（株）勤務、営業職28年目。おかげさまで、たくさんのお客様とお会いしてきました。家に合わせて暮らすことも可能ですが、暮らしに合わせて家を造るほうがお客様の満足度が高いのは当然だと思います。それぞれのお客さまの暮らしを、より理解するために家事セラピスト資格を取得しました。　http://www.senkohome-okayama.com/

1 大川静代（香川県） 【セ】

センコー産業（株）勤務、住宅営業職。これまで多くのお客様の家づくりに携わってきました。たくさん収納を作っても、入居後には「収納が足りない」「片づけ方がわからない」等、悩みを抱えている方は少なくありません。家事セラピストとして、モノを循環させる考え方や付き合い方をお伝えし、暮らしのヒントを見つけていただければと思っています。 http://aros-kagawa.net/

1 田島寛子（岡山県） 【セ】

（有）アトリエSORA勤務、住宅の設計をしています。新しく家を作るハードな部分だけではなくもう一歩踏み込んだソフトな部分、暮らし方の提案の幅を広げる為に家事セラピスト資格を取得しました。建物と共に家事セラピーの要素も兼ね備えたプランの提案、実際に住み始められた人達のコミュニティをたくさん作っていきたいと思っています。 http://www.soramado.com/

2 長崎由布子（岡山県） 【講】

センコーホーム岡山（株）のクライアントパートナーとして勤務。クライアントの家づくりのお手伝いをよりよくしたいため、家事セラピスト資格を取得しました。竣工後の暮らし方にも家事セラピストとしてお手伝いできると思います。どうぞよろしくお願いします。

http://www.senkohome-okayama.com

1 浦松真由美（大分県） 【セ】【講】

(株)リビングデザイン所属。私自身、辰巳代表による新築セラピーを受けて家を建て、セラピーの必要性を強く感じました。「どんな暮らしが心地良いのか」をおひとりおひとりにじっくり考えていただくためのお手伝いをしたいと思っています。また、私の自宅も兼ねたモデルハウスを使って、家のコトを通じて自分らしさを発見できる「お手伝い塾」も開催します。 http://www.soramado-oita.com

1 保井久美子（宮崎県） 【セ】【講】

（株）東洋ホーム　営業職。戸建住宅を主としていますが、リフォームセラピーや片づけ塾にも積極的に取り組んでいます。いろいろな方向から、お客さまの快適な住まい方のお手伝いができたらと考えています。又、子育ての経験は残念ながらないのですが、家事セラピストとして学んだことを生かして、お客さまの子育てのお悩みを少しでも理解して、子育てしやすい家づくりをしたいと願っています。 http://www.toyohome-con.co.jp

2 渡邉奈津子（熊本県） 【講】

木材会社勤務、住宅建材の営業職。普段は、工務店さんとのやり取りが多いのですが、その流れの中で工務店さんとお客さまとの間でお役に立つことが出来ればと思い、家事セラピストの資格を取得しました。今までの建築の経験も活かしながらセラピストとして活動していきたいと思っています。

2 東千恵美（山口県）

住宅設計として建和住宅（株）に勤務しています。住むことに欠かすことの出来ない家事を通していろんな角度から暮らし方を考えたり見直してみたりしながらお客さまの思いを形にしていければと思い家事セラピストを取得しました。自分達の本当に望む住まいや暮らしを一緒に楽しみながら探していけたらと思います。 http://www.kenwa-jutaku.co.jp/

2 千住充代（山口県）

建築・建設業勤務、総務職。受注前のご相談、竣工後のメンテナンス・アフターケアはもちろんのこと、ご高齢者や小さなお子様の寛げる住空間の提案等、社会貢献に少しでも繋がるセラピーができれば幸いです。月並みですが《地域のみなさまに愛される会社》それが私の目標です。

http://www.kenwa-jutaku.co.jp/

2 **田崎朝広**（熊本県）——講

（株）SORA デザイン勤務、専門職。新築計画中のお客様の家事への関心が高く、より深く家事について理解し、提案したいという思いから家事セラピスト資格を取得。まずは、「新築家事セラピー」を通じて、共働きで男女２人の子育て真っ最中の経験なども伝えていきたいと思います。

http://www.soramado.com/

1 **常盤香織**（香川県）——セ 講

フリーランスのインテリアコーディネーターとして、2007 年より活動中。家事動線や暮らし方に関しても、ご相談を受けることがあります。自分らしい空間の中で、心安らかで心豊かな生活を手に入れていただきたい！との思いから、家事セラピストの資格を取得。「快適な空間作り」のお手伝いをしていきたいと思っています。

2 **服部実雪**（愛知県）——講

愛知で、高校生２人の子育てに日々奮闘中 !! 日々の暮らしをより良くしたいと、家事セラピスト資格を取得。世の中に溢れる家事に関する様々な情報。それに惑わされない「自分に合った暮らし方」「心地よい暮らし方」を見つけませんか。そのお手伝いをさせていただければと思っています。

2 **山内隆司**（香川県）——講

センコー産業（株）勤務、営業職。家づくり（新築・リフォーム）において多くのお客様が収納や片づけに大変興味を持たれています。その部分をどのように解決すればいいのかをテーマに、家事セラピスト資格を取得しました。家事塾で学んだこと、住宅営業として今まで経験したことをお伝えし、少しでもお客様のお役に立ちたいと思っています。　http://aros-kagawa.net/

2 **石川真智**（東京都）——講

情報出版・コンサルティング……等、いわゆるバリバリ働く時期が長かった私ですが、そんな生活をしていたからこそ「スッキリ」の大切さに目覚めました。私自身の実体験でもある「心地よい環境で暮らすためのスキルと、そのことがもたらす心へのメリット」をお伝えして、その先にある「自分にとっての心地よい暮らし」を実現するサポートをさせて頂きたいと思っています。

2 **坂田和子**（東京都）——講

成人した娘と息子は学業・勤務のため家を離れ基本的には夫と二人暮らし。これまで住んだ家が、結婚前 [戸建３集合住宅 1] 主婦として [戸建３ 集合住宅６ 間借り的 1] と経験豊富な割に家事が不得手です。How to を学ぼうと講座に参加し、" 模範解答 " との差を埋めようとしていた学校教育的発想に問題があったことを発見しました。

2 **藤原肇**（山梨県）——講

建築設計事務所を主宰しております。福祉施設・温泉施設・小中学校・高校などの公共建物や民間のオフィスビル・病院・店舗（ショップ）・個人住宅等の様々な建物の設計監理に携わってまいりました。家事について深く考えることで、より快適で自分らしい暮らし実現のお手伝いをすることができると幸いです。

http://www.soukai-archi.com

2 **海老谷千代子**（大阪府）——講

吹田市在住。薬剤師、独身時代は製薬会社・研究員。家事塾の理念「家のことは、生きること」は、「豊かな暮らし」「子どもの自立」についてあれこれ思っていた私の気持ちを一言で表現していて、しびれるような感動を覚えました。家事セラピストとして、皆さんと一緒に「豊かな暮らし」「家族の絆」様々なことを見直していけたら……と思います。

2 **遠藤律子**（大阪府）―――――――――――――――――――――――――― 講

仕事、趣味、PTA と外の世界ばかりに目が向いていた 30 代も終わるころ、「もっと地に足のついた暮らしをしたい」と思った時に家事塾との出会いがありました。今は忙しさを誇るよりも、日々のできごとを深く味わえる生活を目指しています。家事セラピストとして、その方それぞれの「理想の生活」を実現していくお手伝いができれば幸せです。

2 **岡本典子**（大阪府）―――――――――――――――――――――――――― 講

住宅のリフォーム・新築の設計・工事に携わっております。家事の動線や、収納の動線がスムーズになると、とても暮らしやすくなります。「なぜかモノが出っぱなしになる」「なぜか片づかない」というお悩みにも、収納場所のアドバイスや、きもち良い暮らしのご提案が出来ると嬉しいです。どうぞよろしくお願いいたします。

2 **齋藤ゆかり**（大阪府）―――――――――――――――――――――――― 講

大阪府吹田市在住。小学生の兄妹の子育てに悩める母です。PTA の家庭教育講座で家事塾と出逢いました。私は親から何を受け継いだのか？　私から子どもたちが受け継いでいくものは何なのか？　何を伝えていけばよいのか。いろいろ考えていると、なんでもない日常がことのほか愛しく思えてきます。身近なところから「くらし」を整えていくお手伝いができると嬉しいです。

2 **宮田美穂**（大阪府）―――――――――――――――――――――――――― 講

暮らしは日々動いているものだから、いつもスッキリと完璧にするのは難しいかもしれません。でも、自分らしく暮らすコツをつかめれば、とても心地良くまわり出します。私自身、二人の小学生の子育てと日々の暮らしに試行錯誤中。生活者としての視点を大切にしつつ、「これが、私らしい暮らし！」というものを見つけるお手伝いをしたいです。

2 **山田しのぶ**（徳島県）―――――――――――――――――――――――― 講

幼い子のいる生活は手間ひまがかかるもの。そんな中でスッキリした暮らしがおくれるの？と悶々としているママ達へ、こどものいる暮らしを応援したくて家事セラピストになりました。家のモノとコトがくるくる循環し、気持ちも Happy ♪“まんまるんな暮らし”にむけてのお手伝いをしていきます。
http://www.yamadakodomo.com/

登録家事セラピスト

2 佐藤雅理（千葉県）

得意なことは、モノを減らすこと！１つで何役もこなすモノを見つけること！モノが動かずよどんでる場所を発見すること！ライフステージに応じて、その時々に厳選した精鋭部隊のモノたちと、丁寧に気持ちの良い暮らしをするのが自分の目標です。同じような暮らしを希望される方のお手伝いができればいいな、と思っています。 http://blog.livedoor.jp/masari3-reform/

2 森下奈津子（東京都） 講

結婚を機に家庭を管理するようになったものの、気がつけばモノで溢れかえった部屋で嫌々日々の家事をこなす毎日。そんな悪循環から逃れたくて家事塾の門を叩いた私です。ところが、辰巳代表や他のメンバーとのディスカッションを通じて、家事の多面性や奥深さを知り、これまでにない家事に対するポジティブな気持ちを持つことができました。まずは夫からセラピーです（笑）。

2 朝原奈美（岡山県） 講

建築設計事務所に勤務。主な仕事内容は住宅設計。住宅を提案する上で、建築の建物に関する知識だけではなく、暮らしについての喜びを伝えていきたいと思い家事セラピストの資格を取得。建築士、家事セラピスト双方の知識を生かし、衣・食・住の大切さやそこから生まれる楽しさや喜びをお伝えし、そこから自分らしい暮らし方を発見して頂きたいと思っています。

2 三宅沙織（兵庫県） 講

（株）三建に勤務。コーディネーター。新築で家を建てる際の、打合せの段階と住みはじめてからの段階とで起きる、「こうしておけばよかった…」という温度差を、できるだけなくしたいと思いセラピスト資格を取得。自分のできる範囲を自分で限定しなくなるような、そんな話ができるセラピストでありたいと思っています。 http://soramado-hyogo.com/

2 永田聡（福岡県） 講

建設会社勤務、営業職。子どもが２人になり、自分自身の暮らし方を考え、模索しているタイミングで家事セラピスト資格を取得。「ご主人が片づけをすると子どもが洗濯物をたたみだす」効果など、実体験をお伝えしていきたいと思っています。 http://soramado-chikushi.com/

2 森田麻友美（高知県） 講

工務店にコーディネーターとして勤務しています。お客様と接する中で片づけの悩みをよく耳にします。そんな方のお役に立てればと思い、家事セラピストの資格を取得しました。家事セラピストの勉強を通して、片づけのことだけでなく、家事や暮らすということを改めて考え、自分自身の意識が変わり、ほんとうに良かったと思います。みなさんに暮らすことの楽しさを伝えていきたいと思います。 http://www.koso-eco.co.jp/

2 藤井千鶴（福井県）

http://www.takinami.jp/

2 上原千都世（神奈川県） 講

横浜市在住、エンタメ系フリーライターで娘２人の母。「お手伝い塾」に参加し、娘がイキイキと家事をする姿に感動。手を動かし、心を動かすことの大事さ、エンタメを楽しむようにワクワクしながら育児や家事を楽しむ方法、そして私のように“家事や片づけが苦手”なママの思い込みを外し、子どもの生きる力を伸ばす方法をお伝えしていきたいです。 http://ameblo.jp/kourei-mama/

2 **西野由紀子**（神奈川県）―― 講

小さな三人の子ども達となんとなく心地よく“過ごす生活”から、家族が健康に“暮らす生活”へと意識がシフトしていく頃に2級を取得。暮らしを調えることの気持ちよさ、楽しさを味わいながら、巣立っていく家でありたいと願います。子ども達に‘説得’ではなく、いつか‘納得’をしてもらえる暮らしを伝えていけたらと思います。

2 **磯村一司**（東京都）―― 講

住宅の設計者として、これまでもさまざまな方々から住まい方のお話を伺ってきました。家事塾での経験を加えることで、美しくデザインされた空間とともに家事、動線、住まいでの「もの」と「こと」をとらえ直していきたい、そして、男性という立場からの目線を活かしていくことも大切なことだと考えています。
http://www.guild-design.com

2 **小島ゆかり**（東京都）―― 講

家事塾で家事の意味や、楽しさについて深く考えるようになり、自分の暮らしに対する意識が変わりました。ともに学ぶ皆さんとのディスカッションからもたくさんの刺激を頂きました。住宅設備に関わる仕事をしていく中で、この経験を活かして行きたいと思います。

2 **萩原由紀子**（神奈川県）―― 講

主婦としてそれなりに家事をこなしてきたつもりでいましたが、家事塾で「家のコト」の本質に初めて気づき生活が一変。「自分らしい生活」を考えるようになりました。この経験を、暮らしも気持ちもスッキリしたいと思っている方のお役にたてたいと思っています。

2 **梶川絵美佳**（大阪府）―― 講

吹田市在住。思春期の子どもを抱えながら、日々の暮らしのもやもやを解決するために受講しました。家事を通して知っているようで知らない自分を自己分析し、楽しい毎日を送れるようになりました。もやもやした毎日を解決するお手伝いが出来たらと思っています。カラータイプインストラクターとしてもサポートさせていただきます。

2 **柳里枝**（東京都）――

ソラマドネットワーク一覧

ソラマドネットワークの工務店では、新築・リフォーム時に家事セラピーをお勧めしています。家事セラピストの在籍している工務店はもちろん、それ以外でも、家事塾から家事セラピストがお伺いします。

北海道・東北エリア

Life-labo 仙台（建友ホーム株式会社）

甲信越・北陸エリア

Life-labo 福井（株式会社タキナミ）②
Life-labo 北陸（セブン・スリー株式会社）

関東エリア

Life-labo 埼玉
（エス・ピー・アイ・イグディブ社株式会社）

中部エリア

Life-labo 三重（株式会社宮崎工務店）

近畿エリア

Life-labo 兵庫（株式会社　三建）②
Life-labo 北摂（株式会社ホクト住建）

中国エリア

Life-labo 岡山
（センコーホーム岡山株式会社）②
Life-labo 厚狭（建和住宅株式会社）
Life-labo 下関（建和住宅株式会社）②
Life-labo 島根（株式会社大倉ホーム）
Life-labo 広島（株式会社　ケンセイ）

四国エリア

Life-labo 高松（センコー産業株式会社）
Life-labo 宇多津
（センコー産業株式会社）❶②
Life-labo 高知（幸創建設株式会社）②
Life-labo 松山（伊大建設株式会社）
Life-labo 大洲（伊大建設株式会社）

九州エリア

Life-labo 西福岡（都建設産業株式会社）
Life-labo 筑紫（ナガタ建設株式会社）❶②
Life-labo 大分
（株式会社リビングデザイン）❶
Life-labo 鹿児島（株式会社ベルハウジング）
Life-labo 宮崎（株式会社東洋ホーム）❶
Life-labo 熊本
（株式会社 SORA デザイン）②
Life-labo 博多（建和住宅株式会社）
Life-labo 長崎（有限会社　山内住建）

お問い合わせ・ご依頼は
TEL.086-280-3722 ／ E-MAIL:info@life-labo.biz
株式会社ライフラボ【本社】http://soramado.com

●スタッフ

撮影
Blue Works 青地大輔
emi*
菊池陽一郎

装丁
山田英春

DTP 制作
Hi-Studio

編集
根村かやの

取材・文
中山悟
根村かやの

協力
アトリエ SORA
株式会社三建
セブン・スリー株式会社
センコー産業株式会社
株式会社ベルハウジング
株式会社宮崎工務店
株式会社リビングデザイン

株式会社ライフラボ

監修……**辰巳渚**（たつみ・なぎさ）
家事塾代表。1965年生まれ。出版社勤務を経て、93年フリーのマーケティングプランナーとして独立。2000年『「捨てる！」技術』が100万部を超すベストセラーに。著書、『あなたを変える家事塾300のメソッド』（岩崎書店）、『寺子屋シリーズ5　親子で楽しむ　こどもお手伝い塾』（明治書院）、『「片づけなくてもいい！」技術』（宝島社新書）等多数。

編著……**家事塾**
辰巳渚を代表に、2008年に任意団体として発足。2009年1月に株式会社家事塾、同年8月に一般社団法人家事塾を設立。「家のコトは生きるコト」の理念のもと、家事について学ぶ各種講座の開催、家事セラピー、家事セラピスト養成など、さまざまな活動を展開している。
既刊書『家事塾BOOKS Vol.1 家事セラピスト、はじめました』（2011年2月、彩流社）
http://www.kajijuku.com
info@kajijuku.com

家事塾BOOKS vol.2 **家づくりに「家事セラピー」を**

発行日❖2011年8月31日　初版第1刷

監修者
辰巳渚

発行者
杉山尚次

発行所
株式会社言視舎
東京都千代田区富士見2-2-2 〒102-0071
電話03-3234-5997　FAX 03-3234-5957
http://www.s-pn.jp/

印刷・製本
(株)厚徳社

ISBN978-4-905369-09-7 C0377